神社新報ブックス　22

世界の『古事記』と神国日本

松井　嘉和

目次

第I部 世界の『古事記』

第Ⅱ部　『古事記』と国語

第Ⅲ部　大嘗祭の歴史的社会的意義

第Ⅳ部　上皇陛下・上皇后陛下ポーランド御訪問とその余薫

第I部

世界の『古事記』

はじめに

「古事記の世界」と言へば、『古事記』が我々に語りかけてくる人生の智恵など、その内容が想定されませうが、「世界の古事記」といふ表現は聞き慣れないと思ひます。この標題は、国際化、グローバル化する世界に、恐らく皆さんが予想する以上の広い世界で『古事記』が受け入れられてゐる事実を紹介し、英訳本に見られる西洋人の日本文化観なかでも宗教観を考へたいとの意図から選びました。

一、外国で紹介された『古事記』

1　『古事記』外国語訳と紹介本一覧

部分訳も含めて、現在、世界の人々はどんな言語で『古事記』を知ることができるでせうか。厳密に『古事記』の翻訳とは言へないものもありますが、外国語で『古事記』を主な話題としてゐる本を発行年代順に並べてみました。

	言語	訳者	刊行年	
①	英語	馬場辰猪	明治九	★
②	仏語	メチニコフ	一三	★
③	仏語	ロニー	一六	*
④	英語	チェンバレン	一六	*
⑤	独語	フローレンツ	大正八	*
⑥	英・漢	(英語は④の再録)	昭和三	*
⑦	英語	磯邊彌一郎	三	☆
⑧	伊語	R・ペッタツォーニ	四	*
⑨	英語	チェンバレン(第二版)	七	★
⑩	伊語	マリオ・マレガ	一三	*
⑪	英語	メーソン	一四	☆
⑫	独語	木下祝夫	一五	★
⑬	英語	ウイラー	二七	☆
⑭	英語	井上俊治	三三	☆
⑮	仏語	シバタ	三七	☆
⑯	英語	新渡戸稲造	三七	☆
⑰	中国語	周啓明	三八	☆
⑱	英語	フィリッパイ	四三	☆
⑲	英語	ロビンソン	四三	☆
⑳	英語	チェンバレン(第二版の再刊)	四八	*
㉑	露語	イオシモビッチ	四九	★
㉒	独語	木下祝夫(新装版)	五一	☆
㉓	中国語	鄒有恒・呂元明	五四	☆

	言語	訳者	刊行年	
㉔	タイ語	タマサート大学	昭和五四	☆
㉕	スロバキア	クルプ	五四	☆
㉖	スペイン		五六	★
㉗	マジャール	カザール	五七	*
㉘	ルーマニア	ブカレスト大学	五七	☆
㉙	ポーランド	コタンスキ	五八	☆
㉚	ポーランド	コタンスキ	六一	☆
㉛	韓国語	魯成煥	六二	★
㉜	シンハリ	アリヤシンゲ	平成元	☆
㉝	中国語	周作人(新装版)	二	☆
㉞	ポーランド	コタンスキ	二	☆
㉟	ポーランド	コタンスキ(新装版)	五	☆
㊱	露語	ピヌス	六	☆
㊲	仏語	シバタ(新装版)	九	☆
㊳	露語	ピヌス(新装版)	一二	☆
㊴	伊語	ヴィラニ	一八	☆
㊵	スペイン	ルビオ&モラタ	二〇	★
㊶	英語	ヨーコ・ダンノ	二〇	★
㊷	セルビア	山崎洋	二一	★
㊸	独語	アントニ	二四	★
㊹	チェコ	カレル	二四	★
㊺	英語	ウイルソン	二四	☆
㊻	英語	ヘルット	二六	☆

凡例　☆＝松井が現物を所有　＊＝松井は複写を所有　★＝現物未確認
「新装版」は新たな装幀での再刊。⑯新渡戸稲造の英訳は歿後公刊された時。

2　外国語訳『古事記』の現状

本書執筆の令和三年の時点での外国語『古事記』の現状は
原典からの全巻訳＝英語・独語・仏語・露語・伊語・ポーランド語・韓国語・中国語
・セルビア語・スペイン語（詳細不詳）
英語からの重訳と推定される全巻訳＝マジャール語（ハンガリー）・シンハリ語（スリランカ）
部分訳で重訳と思はれるもの＝タイ語・ルーマニア語・スペイン語・スロバキア語・チェコ語（詳細不詳）
の十六の言語があり、中でも英語・独語・露語・伊語・中国語には複数の種類の翻訳があることを私は確認できてゐます。

この数と種類が多いか少いかは主観的な判断でせうが、新装版が多く、平成二十四年（二〇一二）以降、海外でも『古事記』の刊行が続いたことは特徴と言へるでせう。それは、日本で『古事記』が取り上げられる動勢が海外にも影響したと推測されるからです。

二、初めて外国で紹介された『古事記』

1　タイラーの講演

レヴィ=ストロース（Claude Lévi=Strauss〈一九〇八―二〇〇九〉）が、昭和六十三年三月九日、京都の国際日本文化研究センターの最初の公開講演会に招かれ、その発言は、同センターの『世界の中の日本Ⅰ国際シンポジウム第一集』に邦訳されて記録されてゐます。

『古事記』や『日本書紀』がヨーロッパの学界にセンセーションを巻き起こしたのです。……まず一八七六年に、イギリスにおける人類学の創始者タイラーがその（松井注・日本神話のこと）大要を報告しています。そして一八八〇年と一八九〇年に、最初の英訳とドイツ語訳が出版されました。

この『古事記』の価値を考へるに示唆深い講演録は、『中央公論』（昭和六十三年五月号）にも発表され、『月の裏側―日本文化への視覚』（川田順造訳、中央公論新社、平成二十六年）には川田氏による訳註が収載されてゐます。

明治九年（一八七六）三月二十八日、言語学者で宗教学者の英国人タイラー（Edward B. Tylor〈一八三二―一九一七〉）がロンドンで「Remarks on Japanese Mythology」（日本神話に関する所見）といふ題の講演を行ひ、岐美二神の国生み、黄泉国訪問、須佐之男命の勝さび、天岩戸、八俣大蛇退治の物語を簡潔に紹介し、黄泉戸喫や神社で飾られる鏡や幣の起源などを論じてゐます。それが学会にセンセーションを起したとレヴィ＝ストロースは言ったのです。そのセンセーションがどんな様子だったのか、興味が惹かれます。

その講演のために情報を与へたのは日本人でした。タイラーの講演録には、

ロンドン在住の紳士馬場辰猪《たつゐ》が、私の要請に応じて、古事記といふ日本の古記録の重要な書の開巻部分を翻訳してくれた。私が今のところ知る限りでは、それはまだ欧州のどんな言語にもなってゐない。

と記されてゐます。その経緯は「倫敦で一緒になった赤松連城氏の話では、赤松氏が『古事記』を読解し、辰猪がそれを英文に書いて、『古事記』の訳文を作った」と伝へられてゐます。ジャーナリスト馬場辰猪（嘉永三年―明治二十一年〈一八五〇―一八八八〉）がタイラーに

情報を提供したのでした。この講演録には講演後の活潑な議論も記録され、そこには、私が行った翻訳は、非常に不完全だと言はざるをえないのです。その理由は、私自身の英語力不足だけでなく、古事記に述べられてゐる言葉の意味について大きく異った様々な解釈があるため、翻訳には多大の困難があったからです。ヲロチと呼ばれ、スサノヲによって殺された八つの首をもった大蛇は、その名をもつ土地から来た人間で、化物ではないとも言はれてゐます。また、天上の橋は船だと言はれてゐます。しかし、私は、できるかぎり文字通りに翻訳しました。

といふ馬場の発言も英文で記載されてゐますが、タイラーの講演のために馬場が用意した英訳は散佚《さんいつ》したと記されてゐます（『馬場辰猪全集』第一巻、岩波書店、昭和六十二年）。

2　初の英訳本

レヴィ＝ストロースの言った通り、欧洲で日本神話が初めて英語で紹介されたのは、右に述べた一八七六年でした。また、初めての英訳が一八八〇年に出たといふ発言は、チェンバレン（Basil Hall Chamberlain〈一八五〇―一九三五〉、滞日明治六年〈一八七三〉―四十四年〈一九一一〉）の短い翻訳だと思はれます。

　チェンバレンは、『古事記』全巻の初めての外国語訳を完成させ、明治十六年（一八八三）に横浜で出版させてゐます（写真④。丸数字の番号は十三頁の表に対応、以下同）。その英訳本は、同二十九年に『日本書紀』全訳を出したアストン（W. G. Aston〈一八四一―一九一一〉）の補註を加へて昭和四十八年（一九七三）に香港で再刊されました。その再刊本の編者の序文に次の一節があります。

　チェンバレンは、遅くとも一八八〇年には『古事記』の一部分を翻訳してゐた。同年にロンドンで刊行された『The Classical Poetry of the Japanese』（『日本人の古典詩歌』川村ハツエ訳、七月堂、昭和六十二年＝松井註）の中の補注で解説をするために必要だったのだ。二ページの英語にまとめられ、岩屋戸の中に逃れて隠れた太陽神がどのやうにして出てくるやうになったかが語られてゐる。彼はその本のタイトルを「Kozhiki」とローマ字表記し、太陽神を「the Heaven-Shining-Great-August-Deity」（天を照らす偉大で高貴な神格）と呼んだ。しかし、後の完訳版では「the Great and Grand Goddess Amate-rasu」（優れた偉大な女神アマテラス）と呼んでゐる。

一八八〇年（明治十三年）は来日七年目、その二年後に全訳が完成し、翌年に公刊されました。それが世界で最初の全訳の外国語訳です。同書は今でも注目され続けてゐて、その要因として次の三つの特徴があげられると私は思ってゐます。

まづ、明治十五年といふ早い時期の全巻の訳であること。

次に、逐語的に正確を期した訳であること。比較文学者の佐伯彰一氏が『外から見た日本文学』（ＴＢＳブリタニカ、昭和五十六年）で「やや古風で荘重、格調高い文体も印象的だったが、何よりも細部をごまかさずに、忠実な訳出ぶりについ引き込まれて」読んだと述べてゐるやうに「細部をごまかさない忠実な訳」であること。

さらに『古事記』の解読のために現代でも問題とさ

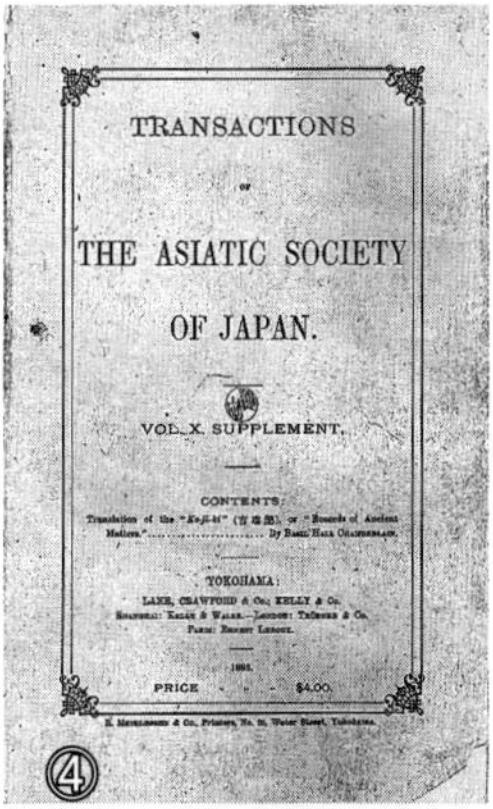
TRANSACTIONS
OF
THE ASIATIC SOCIETY
OF JAPAN.
VOL. X. SUPPLEMENT.
CONTENTS:
Translation of the "Ko-ji-ki" (古事記), or "Records of Ancient Matters." .... By Basil Hall Chamberlain.
YOKOHAMA:
LANE, CRAWFORD & Co.; KELLY & Co.
SHANGHAI: KELLY & WALSH.—LONDON: TRÜBNER & Co.
PARIS: ERNEST LEROUX.
1882.
PRICE - - - $4.00.
R. Meiklejohn & Co., Printers, No. 26, Water Street, Yokohama.

④

れる様々な課題が論じられてゐること。チェンバレンの薫陶を得た人らしい小花清泉氏は、「訳文は、原文と同じくさほど長いものではないが、註釈は本文の二倍三倍もあり、長篇の序論が巻頭に載せられてゐます。この序論中には古事記のごとき書物の見方や研究方法が暗示」されてゐると評してゐます。(「英訳古事記に就いて」、佐佐木信綱『王堂チェンバレン先生』好學社所収、昭和二十三年)。その長い序論は、早くも明治二十一年（一八八八）四月に『日本古代史評論 全』と題して邦訳されて刊行され、翌年に再版されてゐます。

チェンバレンが翻訳した英語は、例へば、原文と次田潤『校訂古事記』の訓読とチェンバレンの英訳が見開きで並べられた文庫本ほどの大きさの⑥加藤玄智編・次田潤校訂『古事記神代巻　和・漢・英三文対録』(世界文庫刊行会、昭和三年）が刊行され、その八年後には、袋綴じの和装本で、偶数頁に英文を、奇数頁には上段に原文を下段に訓読を掲載して巻末に通俗古事記と題した物語風の文章を収めてゐるユニークな本の英語にも利用されてゐるなど、大いに利用されてきました。

その翻訳の特徴は何と言っても、佐伯氏が「引き込まれて読んでゆくうち、突然ラテン語がひとしきり続く箇所にぶつかって、びっくり」(前掲『外から見た日本文学』)したラテン語で翻訳してゐる箇所が多いことです。彼の英訳本を読む人は、読み始めると、いきなり岐美二神の国生みの段から英語では読めなくなるのです。この奇妙な翻訳法は、西洋人の日本文化観を考へるための材料を提供してくれてゐますので、章を設けて後に論じます。

3　初の独訳本

レヴィ＝ストロースは、「一八八〇年と一八九〇年に、最初の英訳とドイツ訳」が出たと言ってゐました。一八九〇年のドイツ語は、今の私は確認できてをらず、カール・フローレンツ（Karl Florenz〈一八六五―一九三九〉滞日明治二十二年〈一八八九〉―大正三年〈一九一四〉）が訳した『古事記』と『日本書紀』と『古語拾遺』を併せて一冊として『Die historischen Quellen des Shinto-Religion』(神道宗教の歴史的源泉）といふ題で出版されたA四判四百五十頁を超える大著が一九一九年に出たことを知るばかりです。『古事記』は、「KOJIKI oder Geschichte der Begebenheiten im Altertum」(「古事記すなはち古代における出来事の物語）といふ表題で、冒頭に収められてゐます。『日本書紀』の部分は、一九〇一年に単行本として刊行されてゐます。

フローレンツの影響は、ポーランドの日本研究を育てたワルシャワ大学のコタンスキ（Wiesław Kotański〈一九一五―二〇〇五〉）の次の回想によく示されてゐます。

一九三六年に、ワルシャワ市で日本の文学を研究し始めたとき、フローレンツ（K. FLORENZ）教授のドイツ語訳『古事記』（一九一九）を一冊図書館で見つけたのですが、それを読んでも説明が十分になされていないことが非常に多かったので、心を楽しませるものにはなりませんでした。／フローレンツ教授の研究の目的が、神道宗教に関連する資料を明らかにすることであるのははっきりしていたのですが、それだけに、キリスト教を知っている私にとっては、ドイツ語で表された『古事記』の内容は、どうしても宗教の独特の価値、例えば、生死の問題、善悪の問題、罪障の消滅の問題、人間の運命の問題などがはっきりと表面に出ていないと思われて、そうした問題の取り組みへのヒントはなかなか気が付きませんでした。（『古事記』の原文を研究する理由・方

法・抱負」「神道文化」第八号、神道文化会、平成八年）

ドイツ語訳『古事記』では福岡の香椎宮の神職だった木下祝夫氏の仕事は無視できません。八年間のドイツ留学中に『古事記』の翻訳を志し、高松宮家を通じて有栖川宮学術奨学金を得て、日独文化研究所（Japanisch-Deutsches Kulturinstitut zu Tokyo und Japaninstitut zu Berlin）から昭和十五年（一九四〇）に原文とローマ字そしてドイツ語の三巻本を揃へた精緻な成果を上梓させました⑫。昭和五十一年（一九七六）に香椎宮奉斎会から復刊されてゐます（写真㉒）。

4　明治時代の外国における『古事記』

先の表に明治の御代で異国では四種類の『古事記』を題とした書物があったことを示しました。①の英語は既に言及し、④は後に詳述しますので、ここで②と③の仏語について一言述べておきます。

メチニコフといふ人がフランス語で訳したと報告した人があるのですが、確認できてをりません。その後、ロニー（Léon de Rosny）が、明治一六年（一八八三）に「Koziki＝Memorial de l'antiquité Japonaise : fragment relatifs a la théogonie du Nippon」（古事記＝日本古代の回想録―日本の神々の誕生に関する断片）の本題に「レオン・ド・ロニーにより日本語から翻訳されて中国語の解説を付した」と副題が付いた論文が『Memorial de l'antiquité Japonaise』（日本古典の記録）といふ本に収載されてゐます。神代文字の解説があるなど、『古事記』の翻訳とは考へられない論文ですが、十九世紀に日本を研究してゐたポーランド人もこのロニーの『古事記』に言及してゐます。明治十年代にヨーロッパの学界で『古事記』の存在が知られてゐたのです。

ところで、『古事記』を最初に外国語で表現しなくてはならなかった人は誰だらうか、と考へますと、実は伊藤博文に関する伝説が注目されるのです。それについては本章の最後に言及します。

5　平成の御代の外国語『古事記』

十三頁の表に平成の御代には『古事記』を話題にした書物十五種を示しましたが、その中で、全巻の翻訳本としては、表の㉜シンハリ語(スリランカ)、㉝中国語（新装版）、㉟ポーランド語（新装版）(写真)、㊱露語とその新装版の㊳（写真）、その間の㊲仏語（新装版）(写真)、そして㊴イタリア語（写真）、さらに㊷セルビア語と㊻英語が刊行され、また、未確認ですが㊵スペイン語も全巻訳とのことです。

㉟

㊳

㊲

㊴

チェコ語は詳細は未調査です。結局、知り得ただけでも、平成の三十年間には、十一種類の言語の全完訳が公刊されてゐるわけです。そのうち、四つの言語が新装版で、それは過去に刊行されたものと内容に変化はなく、装釘を改めて再版された本です。このうち、㉜シンハリ語は英語からの重訳だと判断されます。

三、英訳『古事記』の種類とその特徴

1　原典からの全巻訳

英訳『古事記』は、原典の日本語からの全巻訳が四種あります。原典と言ってもいはゆる「真福寺本」などの写本ではなく、我々現代人が読んでゐる活字本を想定して言ひました。何を底本として翻訳したかは序文に記されてゐることがありますが、神名などの翻訳を厳密に見ていくと、特定の一書に全面的に依存してゐないと推定されます。

全巻英訳の最初は、明治六年に来日したチェンバレンが同十六年に完成した翻訳ですが、まづそれ以外に現在三種類ある全巻の英語訳を紹介いたします。

⑭ 井上俊治（Shunji INOUE）訳注『KOJIKI』神道天行居、山口県、昭和三十三年（一九五八）

訳者井上俊治氏は、序文に「第九版を出すに当って、亡き妻のこの偉大な仕事に対する懇ろの協力を、思ひ出さないではゐられない。彼女の魂に心からの感謝を表したい。」と書いてゐます。夜久正雄氏は、『古事記』の外国語訳（承前）」（亜細亜大学アジア研究所所報、第58号、平成二年五月）で同書を紹介した中で、次の感想を記してゐます

フィリッパイ氏の英訳（一九六八）よりも前である。したがってチェンバレン訳（一八八二、一九〇六）だけが参照されたのであらうから、大変な労作であったにちがひない。発表するのに謄写版でするほかなかったのであらう。恐らく自筆の謄写版刷であったにちがひない。戦後私も自筆謄写版印刷の歌集を出した思ひ出があるので身につまされた。

松井は、一九六六年（昭和四十一年）に出版された第九版のガリ版刷の私家版を再版した新装本を所有してゐて、その発行者は、山口県の神道系の教団「神道天行居」となってゐます。その裏表紙には、初版が一九五八年で、一九六八年の「Newly revised」(新訂版)まで六回の謄写印刷による再版をしてゐると書かれてゐます。なぜ何版も出し得たのか、その理由も発行部数もわかりません。チェンバレン訳『古事記』はアストンの註を加へた第二版⑨が一九三二年に刊行されて一九七三年に再刊⑳されてゐますが、その序文には本書について「一九五八年以降何度も謄写印刷されて、その後、改訂されてタイプのオフセット印刷で福岡の日本習字連盟から一九六六年に再刊されてゐる」とあり、「厳密には標準的な英語ではない」との評が注目されます。

コタンスキは、ポーランド語訳『古事記』の序文に「西洋諸語に訳された古事記」といふ西洋語に訳された『古事記』を詳しく批評した一節を設け、本書を取り上げてゐます。

福岡で謄写版刷りの井上俊治の筆になる翻訳がある。初版は一九五八年で、チェンバレン以降の新しい英訳が現れる十年も前のことである。その間、ヨーロッパでは、詞華集のやうな形で『古事記』の部分的な良質の翻訳がいくつか出版されてはゐたが、全訳が企図されることはまったくなかった。今、私の手元には一九六六年に刊行された改訂版がある。／翻訳を決意した理由は序文で意外な程に率直で明快に表明され、訳者の鞏固な意志が示されてゐる。だが、彼の信念が研究者に十分に理解されるかは疑問である。残念なことに、翻訳の大部分は明らかに「自由翻訳」で、時折、内容が自在に言ひ換へられたり一種のエウヘメリズムによって潤色されたりしてゐる。井上は、テキストを異国人の利便に留意して翻訳したと明言する。その一方で、理解の助けとなる註解は僅かである。時々堅固な神道信仰家の情熱の虜になってゐると感じさせられる。結局、井上の翻訳は『古事記』に対して現代の日本人がどのやうに見てゐるかといふ視点からは興味が湧くが、『古事記』のテキスト自体の研究方法に資する史料とは言へない。

以上のやうな外国人の厳格な批評があっても、日本人による英訳本として外国人に言及されたのは、訳者として以て瞑すべきことではないかと思ふのです。

⑱　"KOJIKI," translation with an introduction and notes by Donald L. PHILIPPI, University of Tokyo Press, 1968.

昭和三十二年（一九五七）から同三十四年まで國學院大學で『古事記』研究をした米国人フィリッパイ（Donald L. PHILIPPI）の翻訳です。日本国内では東京大学出版会の刊行。

⑱

神名は、解釈した意味の訳語ではなく、名前の音とくに母音の甲乙の区別もして表示してゐるなど原典の雰囲気を伝へたいといふ意図が窺へる翻訳で、原典の香よりも意味内容を伝へることを重視したチェンバレンの翻訳姿勢とは対照的です。彼はそんな立派な本を作ったのですが、その後、自分は古事記を研究したが、日本のその後の文学には興味は持てなかった、と述懐してゐて（「モザイクとしての神話―『古事記』」村上兵衛編訳『わたしの日本文学』鷹書房、平成九年）、アイヌ研究へと関心を進め、オカルティックなところがあったやうで、ヒッピー生活を送りたいと遁世したとも聞いてゐます。註記もチェンバレンの業績に匹敵する充実した学問的な本です。そんな厳密さが、却って読者を遠ざけ、チェンバレンが近年までも再刊されてゐるのに、本書が再版されない原因なのかと残念な思ひがしてをります。

㊻ "The KOJIKI – An Account of Ancient Matters, Ō NO YASUMARO" translated by Gustav HELDT, Colombia University Press, New York, 2014.

最新の全訳です。訳者の名「Gustav Heldt」は、正確な読み方が分らないため、ドイツ語的な綴りなのでヘルットと読んでおきます。原文の全文が簡潔に訳されてゐて、読みやすくなってゐます。

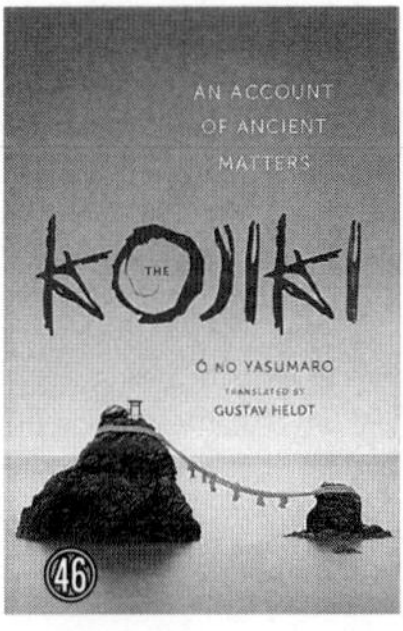

㊻

ただ、固有名詞すら自身が解釈したその名の意味を英訳して示してゐます。例へば、神名は、本文を段落分けしたときの見出しを「AMATERASU」と示しても、本文の中では「偉大な威力ある天を照らす精霊（the great and mighty spirit Heaven Shining）」との訳で示してゐます。この翻訳方法は地名にも適用され、伊勢の地名を「Sacred Streams」(聖なる流れ）と訳して示してゐます。なぜ地名「Ise」(伊勢）が「Sacred Streams」となるのでせうか。巻末の地名解説の索引で、ヘルットは次のやうに説明してゐます。

本州の中部の太平洋岸の古代の聖地で、現在は三重県「Mie prefecture」にあり、その名は諸神社群の交流の周知の連絡網に関係してゐる。岸壁に関連した語（Iso 磯）を語源とする説もある。歌謡ではカミカゼノ（聖霊の風）といふ詞が前に置かれた。

この解説で、なぜか本州と三重は「Honshu」と「Mie」とそのまま音写されてゐます。その他、例へば、出雲国は「Billowing Clouds」(雲の渦巻く地)、鳥髪地は「Bird Head」(鳥の頭部の場所)、肥河は「Spirit River」(精霊の河）と表示されてゐます。

このやうに解釈した意味による表示は、日本人には馴染みの名が消えて却って分りにくくなってゐるのですから、読者対象を英語話者だけに設定してゐたのでせう。

また、「Ō NO YASUMARO」の名が、表紙や背文字に目立って表示され、『古事記』撰録の際の安萬侶の役割が過剰に印象づけられると危惧されます。チェンバレンは太安萬侶を稗田阿禮が暗誦した古い伝承を「選んで記録する」ことを天武天皇に命じられた「compiler」(編纂者）とし、フィリッパイも「compiler」と表現しました。しかし、ヘルットは「author」

（作者）と示してゐます。

以上、三種とチェンバレンの英訳を含めた四種が原典から全訳された英語『古事記』の全てですが、全巻の英訳と言へないこともない書がもう一種あるのです。新渡戸稲造（文久二年―昭和八年〈一八六二―一九三三〉）による未刊の「KOJIKI―An Abridged Translation『古事記』―簡約による翻訳」です。『新渡戸稲造全集』（教文館、昭和四十四年）第十五巻に収められてゐます。一応全巻が翻訳されてゐますが、物語の筋を示す箇所だけが翻訳され、系譜や殆どの歌謡が訳されてゐないので、上記の四種と同等の全訳とは言へず、全巻英訳が五種あるとはしませんでした。但し、短い訳文に比して註解が比較的詳しく、チェンバレンの仕事を意識してゐること、そして何よりも神を一貫して「Kami」と書いたことが注目されます。新渡戸は日本語の「かみ神」は「God」（全知全能の創造神）ではないと明確に意識してゐたのです。

2　部分的な英訳本

部分訳は多数にのぼります。殆ど総てが上巻つまり神話、神代の物語の翻訳です。前掲の表の、①馬場辰猪の英語、②メチニコフの仏語は未確認ですが、全巻の訳ではないでせう。⑤フローレンツの独語は既に述べました。㉕スロバキア語はワルシャワ大学でコタンスキの下で学んだクルプによるスロバキア語の神々の物語。㉔タイ語と㉘ルーマニア語は共に日本語教育の課程で、指導教師が現代語訳の物語を課題に訳させて印刷したもの。ルーマニア語は、ブカレスト大学在任中の私が卒業課題として福永武彦『古事記物語』を分担して邦訳させた原稿を元にした本。さらに、㉙と㉚のコタンスキによるポーランド語は、㉙は「日本の神々の物語」と題された上巻の神話の紹介です。㉚は「日本の最初の統治者の物語」といふ題で、中巻以降を物語風にポーランドの読者に提供した本で、そこには「Yusaku　Kunita」といふ方の描いた表紙も含めて二十五枚のカラーのオリジナル絵画があって、親しみを醸し出してゐます。

⑦磯邊彌一郎の上巻の英訳本は、文庫本程のサイズのハードカバーの本です。前書に「周

知の作家である故澁川玄耳《しぶかはげんじ》氏が書いた『日本神典―古事記噺』からの自由訳である」と書かれてゐます。自由訳とは、意訳したり翻案したりするといふ意味です。昭和三年に出て、外国人に読まれてゐたのかもしれません。日本の論文に紹介されてゐることがあります。

⑲は夜久正雄氏の『古事記のいのち』をロビンソン（G. W. ROBINSON）が英訳した『The KOJIKI in the Life of Japan』です。『古事記』の英訳ではありませんが、同書の巻末に英訳の粗筋があります。発行者の公益財団法人東洋文庫のユネスコ東アジア文化研究センター（The Centre for East Asian Cultural Studies）が寄贈したのでせう、世界各地の図書館に所蔵されてゐます。『古事記』そして日本の文化を英語で紹介するときの問題点を明確に示してゐるので、ここで紹介しました。本書は神を「god」と訳してゐますが、原著者の夜久正雄氏は、さうしたくない、と要望した手紙を書いてゐます。訳者は、「kami」としたら誰もわからないので、英語話者に読んでもらひたいために敢へてかうした、と答へてゐるなど、翻訳の際の問題点が浮き彫りになってゐます。「god」と訳した箇所に、これは西洋的な意味での「God」だと考へないでほしい、と読者に注意を促してゐます。

㊺にウイルソン（William Scott Wilson）の『The Kojiki, The Story of Gods and Ancient Emperors』を示しました。竹田恒泰氏が代表の一般財団法人竹田研究財団が平成二十四年に出した竹田氏による『古事記』上巻の現代語訳とウイルソン氏のその英訳を収載した本です。『『古事記』を全国のホテルに置こう！』といふプロジェクトによる出版です。ホテルに泊ってギデオンの聖書を見ることがあると思ひます。多くのホテルの部屋の机の中に、よく備へられてゐます。それに対抗してでせうか、仏教界が『仏教聖典』といふ仏教のエッセンスの英訳を置くやうになりました。そこで、『古事記』を置くプロジェクトを立ち上げたらしいのです。偶々この編輯に関った友人がゐて、頂戴しました。折角の英訳本が市販されてゐないのは残念です。神名は和語をそのまま示しても、和語のカミを「god」としてゐます。英語での読みやすさに配慮したのだらうと思はれます。

以上の他に、例へば、大正四年（一九一五）発刊の『Mythology of Japan』と題された本を同志社大学の図書館で見つけました。発行所は「Sūzambō, Tokyo」訳者は「Professor at the Nautical College, Tokyo」と書いてあり、おそらく昔の東京商船大学でせうか、そこで授業を担当した教授が自身で翻訳して教科書とした本かもしれません。『古事記』上巻、神話の英訳です。

以上、『古事記』とくに上巻の神話は、英訳が戦前から多種多彩で数多くあるといふことです。

3　英訳『古事記』の特徴

英訳『古事記』を概観しましたが、その特徴は以下の四点にまとめられると思ひます。

(1)　全巻訳が四種類もあり、部分的な翻訳や解説は数多い。

(2)　英語が世界語であることから、英訳を通じて世界に広がってゐる。

マジャール語つまりハンガリー語の全巻訳㉗はオーストラリアのシドニーで一九八二年に出版されてゐる。スリランカのシンハリ語訳㉜は、日本に留学して考古学を勉強した教授の全訳。これらは、英語からの重訳であることはほぼ間違ひない。

(3)　明治初期のチェンバレンの英訳が今も珍重されて様々に利用されてゐる。

(4) チェンバレンの英訳が今尚入手可能なのに対して、研究に有益と思はれるフィリッパイの英訳は、再版されてもゐないし、あまり読まれてもゐない。

四、チェンバレン英訳『古事記』とその特徴

チェンバレンは、四十年近く日本に滞在し、「東京帝国大学で国語学の基礎を築いた英国人」と言はれ、わが国の日本の国語学の基礎を築いた英国人です。近代日本の国語学が英国人によって基礎づけられた、といふことになりますが、近代日本で国学の国語研究の伝統が軽視され、西洋風の国語学ができ上がった問題の淵源がそこにあるのかもしれません。

一八五〇年（嘉永三年）生れ。二十三歳の時、駐日英国大使館付の資格で、日本語未習で来日したやうです。その二～三年後には『古今和歌集』を翻訳し、来日十年後にはもう『古事記』の全巻を翻訳してゐるのです。それほど語学の堪能な優れた知性の有能なイギリス人でした。

そのチェンバレンの英訳『古事記』の特徴を確認しておきませう。

(1)　最も広く利用されてゐる。

外国語訳『古事記』と言ふと必ず言及され、圧倒的な認知度を誇ってゐて、殆どの『古事記』翻訳者が参照してゐるだけでなく、その英語が様々な書で利用されてきました。

(2)　訳し漏した言葉のない緻密な逐語訳。

(3)　原文にない語を補足した挿入箇所が頻出。

逐語訳で正確を期すとき、原文にない補語や主語や動詞や接続表現などを補って表現する必要に迫られてゐたのでせう。

(4)　詳細な註釈があり、広い範囲の種々の問題提起、研究課題が示されてゐる。

小花清泉氏は、先に引用した文章に続いて、「註釈は本文の二倍三倍もあり、長篇の序論が巻頭に載せられてある。……一節ごとに小註の割合に多いのは、外国人が此の特徴ある英訳を読むに際して、本文の真意を理解し易からしめんとした故であるが、我々日本人が見ても、新しい解釈を示されたとおもふ事が往々ある」と述べてゐますが、筆者も同感です。そんな註釈の例を二つ取り上げませう。

まづ、「わに（和邇）」。多大な成果の蓄積がある『古事記』研究史の中で、どんな動植物が登場し、それにどんな意味があるかを論じた業績は、未だ多くないやうです。動物相や植物相を明治十五年の時点で既に取り上げ、序文で、『古事記』に登場する動物や植物の一覧を示してゐます。

そして、稲羽の素菟や豊玉毘売の物語で、日本にゐるはずのない南方の動物ワニがなぜ出て来るのかといふ問題も提示し、アーネスト・サトウ（Sir Ernest M. Satow〈一八四三―一九二九〉、文久二年〈一八六二〉以降滞日合計二十五年）が「わに」の訳語に「shark」鮫を当ててゐることを取り上げ、次のやうに論じました。

問題とする被造物に関して昔の歴史的文献の中の記述の内容を明確にさせたかったのだらう。その魚類は『日本書紀』にも出て来る。しかし、そこではむしろ魚類ではなく、大蛇に似た何らかの存在だと思はれる水陸両性の生物である。さらに、日本の注釈者たちが引用してゐる説明はどれも鰐に関連させてゐる。そこで、翻訳者はワニに対して普通に認められてゐる訳語「crocodile」を放棄する十分な理由はない。ワニは明らかにおとぎ話以外の話の中には出てこないし、他の国そして日本自身の例でも、神話の創造者が、異郷での生活だと想像させる冒険に言及するために知らない動物である鰐を持ち出したのはありえることだ。

なほ、新渡戸稲造も自身の『簡約英訳古事記』でこの「わに」を「crocodile」鰐と訳して、「wani」の語は「crocodile」と訳されるのが普通だが、アーネスト・サトウ卿は、日本の水域には「crocodile」はゐないのだから、「shark」鮫のほうが翻訳として一層適切だと考へた。しかしながら、チェンバレンは、自然科学が立証し得ない叙述が効果的となる「明らかに説話的な話」の中にだけ登場する「wani」なのだから「crocodile」の訳語でよいと考へてゐる。

と註で述べてゐます。これは、わにを、サトウが「shark」鮫と訳してゐても、自身がチェンバレンと同様「crocodile」で通してゐることの弁明です。新渡戸は、豊玉毘売命が姿を変へた八尋鮫も「a huge crocodile」(巨大な鰐)と訳してゐます。注目したいのは、チェンバレンは、神話の中なのだから現実の動物相に縛られなくともよいと判断して

「crocodile」の訳語を当ててゐる、だから自分もさう訳したといふ新渡戸の姿勢です。それは、鰐の知識が「神話的な形で」日本に達してゐて、古代の日本人に間接的に知られてゐたと推定したレヴィ=ストロースの立場に通じてゐると思はれます。十五頁で言及した『月の裏側―日本文化への視覚』はレヴィ=ストロースが「日本に恋した」と言はれたことを紹介しつつ、その『古事記』理解が主にチェンバレンの訳業に基づくことを窺はせる有益な本です。チェンバレンは、「wani」といふ語が見える箇所では、繰り返し「wani は crocodile の意味である」といふ簡単な註記を添へて、語義の原義の確認をしてゐます。なぜさうしてゐるのか戸惑ひを覚えます。鮫をワニと呼ぶ地方があり、また鰐は鮫類の古称だと説明する国語辞典もあるにも拘らず、神話は神話だといふ解釈の立場を目立たせたかったのかもしれません。

因みに、『古事記』の原文、真福寺本のテキストには漢字の鰐も鮫も使はれてゐません。すべて和邇か和爾か丸邇と音仮名表記です。一方『日本書紀』ははっきりと鰐といふ漢字を使ひ、時に鰐魚と表記したりしてゐます。

さらに、チェンバレンは「古代日本人の色彩感覚」にも触れてゐます。佐竹昭広氏が『古語雑談』(岩波新書、昭和六十一年）で次のやうに書いてゐます。

『古事記』の世界には黄色が欠落しているという事実を最初に注目した学者は、多分、英人チェンバレンであろう。……チェンバレンから二十年後、明治三十七年に新村出の「色彩空談」が発表された。小篇ながら日本の言語学者による先駆的な色名研究である。……《『古事記』などには、色の名といえば、青・赤・白・黒の四色ぐらいなもので、黄の如きは殆ど無いというてもよく云々》……『万葉集』も、色彩に関する形容詞としては右の四語しか持っていない。『万葉集』に「みどり」「くれなゐ」「むらさき」といった数々の色彩語が多用されていることは周知の通りであるが、このたぐいの色名は、「むらさき」が紫草、「くれなゐ」がいわゆる紅花、「みどり」が草木の新芽を意味する語だったというように、もとをただせば具体的な物の名を色彩名に転用した比喩的な用法に由来するもので、生粋の色名とは言えず、その点において、抽象された色の概念をあらわす四つの形容詞とは性格を異にする。

以上の佐竹氏の言葉の中の『古事記』などには、色の名と言えば、青・赤・白・黒の四色ぐらいなもの」そして、『万葉集』も、色彩に関する形容詞としては右の四語しか持っていない」といふ指摘について、説明します。

外国人に日本語を教へる時、形容詞の理解は非常に易しいのです。外国語学習で、語の形式で文法的特性が理解できれば、憶えやすくなります。日本語の場合、形容詞は全部「い」で終り、その「い」を「く」に変へて「ない」をつければ否定の表現ができる、と私は教へてきました。ただ、偶に頭の働く学生がゐて、「きれい」は「きれいくない」ですか、と質問してきます。岡山あたりで使ってゐる例もあり、「きれいくない」でもいい、と思ってしまった日本語の先生もゐました。さう考へると、私の先ほどの形容詞の説明には例外があるといふことになります。しかし、「きれい」は、国語文法では形容動詞で、外国人に日本語を教へる時には「な形容詞」と呼んで、「い形容詞」と異なる文法範疇に入る言葉なのです。「な形容詞」の否定は「～ではない」と言ふ。だから、「きれいではない」となるので、最初の私の説明には例外はない、と言ってきました。なほ、動詞でも、埼玉県の熊谷あたりでは、「来ない」(こない) は「来ない」(きない) と言ひます。繰り返し言ってゐると、それでも文法的に規則的なやうな気もしてきます。

言葉は、文法が規則的であれば、理解もしやすくなりますが、しかし、言語は人為の文法規則よりも自然に出来あがってきた習慣を正しいとしなければなりません。

以上の形容詞の規則性を念頭にしてゐると、その規則に合致する色の形容詞は青・赤・白・黒の四色しかないことに気づかされます。ただ、「黄色い」も「黄色くない」ではないかと反論も出さうですが、黄「き」で「きくない」とは言ひません。結局、日本語の抽象的な色の形容詞は青・赤・白・黒の四つしかないと分ります。ですから、朱も紅も赤もみな「あか」で、青信号は緑でも「あを」と言ふのです。

このことは、本書の第Ⅱ部で説明します。因に、日本語は、「暗い」と「黒い」そして「明るい」は「明い」で「赤い」は語源を同じくします。だから、赤恥は顔が赤くなることではなくて明白の意です。赤裸も真っ赤な嘘もあからさまなのです。このことからも、『古事記』の序文に「上古の時代は、言葉もこころも皆素朴だった」と書かれてゐる単純で具体的で明快な大和言葉の世界がイメージできるでせう。

では、古代の日本人は色を細かく区別できなかったのでせうか。さうではありません。昔は橙や桃色、水色、空色などと言ひ、佐竹氏が「もとをただせば具体的な物の名を色彩名に転用した比喩的な」と指摘してゐるやうに、色を現実の物で示したのです。これが私たちの国語です。この頃、オレンジとかピンクとか言ひ、和語も漢字も殆ど使はれません。日本人の自然界との繋がりの感覚が表現されなくなって行くやうで、残念でなりません。

(5)　固有名詞をはじめ日本に特有の物事の正確な翻訳。

先に『古事記』の翻訳者が「かみ」の訳語に苦心した例を紹介しましたが、かうした誤解を生む語の対応は、異国語の史料を翻訳する誰もが直面する課題です。

チェンバレンは宮や神社を「shrine」でなく「temple」と訳してゐます。恐らく彼独得の見識からではなく、明治初期にはさう訳されてゐた模様です。いつごろから「shrine」に統一されたのか、承知してゐませんが、この頃は、「shrine」と訳すとその原義は廟ですから、墓所のイメージも喚起させることに気づき、今は誤解を避けるために神社といふ日本語も添へて「Jinja shrine」とした例を目にします。「miso soup」味噌汁や「wagyu beef」和牛などと同じく有効な方法でせう。これは「かみ」をどのやうに訳すかといふ問題と同様、訳語の選択に留まらぬ、異文化相互理解の問題でもあります。

(6)　昭和七年にアストンが註を追補した版が刊行されたが、今、入手容易なのは第一版。

(7)　英語ならぬラテン語の箇所があちこちにある。

この(7)は特異で顕著な特徴で、最も頻繁に利用されてゐる英訳本であるにも拘らず、この問題はなぜか殆ど論じられてきてゐないやうに思はれます。西洋人の日本文化観といふ視点からも重要な問題を投げかけますので、この翻訳法は次章以降で言及します。

五、チェンバレン英訳『古事記』のラテン語

1　ラテン語の箇所

(1)　物事の正確な伝達

コタンスキはチェンバレンが英訳でラテン語を使用してゐることについて、次のやうに

述べてゐます。

英語の文献の中でラテン語の助けにすがってゐるところがある。それは、『古事記』の本文の中の幾箇所かの過激な表現に関連し、また、微妙な意味合をもった箇所である。そこは、チェンバレンが読者の耳に不快感を与へたくなかった箇所、また、植物学かつ動物学の用語でラテン語での名称はあっても英語に相当する正確な語がない箇所であった。

以上はポーランド語訳『古事記』の前文にある論考「西洋諸語に訳された古事記」の中のほんの一部分の記述です。チェンバレンの英訳本にラテン語が頻出する理由を二点あげたのは適切な指摘です。

佐伯彰一氏が「びっくりした」のは、コタンスキの言ふ「チェンバレンが読者の耳に不快感を与へたくなかった過激な表現に関連する微妙な意味合のある箇所」です。それはチェンバレン自身が言ってゐる『古事記』の卑猥な部分の率直な表現であることは明白です。それを検討する前に、コタンスキの後者の「英語に相当する正確な語がない箇所」と指摘した箇所の例を「植物学用語」の例から三つほど紹介します。傍線の実線が日常的でないラテン語の用法で、破線がより英語として身近になってゐる言葉だとお考へ下さい。

まづ、天岩戸の段で「天香山の五百津の真賢木を根こじにこじて」の真賢木ですが、チェンバレンは「a true *cleyera japonica*」と斜体で示してゐます。フィリッパイは「MASAKAKÏ trees」（マサカキの木々）でヘルットは「hallowed evergreen」（神聖な常緑樹）です。

次に、八俣大蛇の様子を述べた「その身に蘿《こけ》また檜榲《ひすぎ》生《お》ひ」の英訳で、チェンバレンは、檜榲を和英辞典にある桧「Japanese cypress」や杉「Japanese cedar」でなく「chamecyparis」と「cryptomerias」を訳語としました。因みにフリッパイもその個所を「cypress and cryptomeria」と訳して杉は同じです。ヘルットは「cypress and cedar」と単純明快です。

次に、倭建命の薨去の段、三十五番目の歌謡「なづきの田の稲幹《いながら》に稲幹に匍《は》ひ廻《もとほ》ろふ野老蔓《ところづら》」の「ところづら」は、チェンバレンは「The Dioscorea quinqueloba」、フィリッパイは「The vines of the TÖKÖRÖ」（野老の蔓）と日本語をそのまま残し、ヘルットは「wisps of yam creeper」（やむいもの蔓の束）と訳してゐます。

かうしたチェンバレンの翻訳は、植物の種を厳密に示さうとしてゐる、と理解できるでせう。彼は神武天皇などの生歿年を科学的根拠がないと否定するなど、現実に証明しうる正確性を重視してゐました。実証を重んじてゐて、非合理で曖昧模糊とした日本人の宗教や思想に共感できなかったので、動植物種の特定も厳密にしなければ自分自身納得できなかったのでせう。

⑵　不快感を与へるといふ箇所

英訳『古事記』でラテン語を使った奇妙な翻訳法について、チェンバレンは明確な自覚を持ってゐました。自身の英訳本の序文で次のやうにはっきりと述べてゐます。

『古事記』は、奇異で露骨な感じがする日本語の表現がある。そこを英語に訳すと、文体の観点からも奇異で露骨になる。日本語そのままに英語に翻訳しない箇所は、明らかに卑猥な箇所である。従って、そんな箇所をラテン語で翻訳することへの異議は私には認められない。なほ、そのラテン語の部分は英語の部分と同じやうに厳密に逐語的に訳した。

チェンバレンのこの言葉は、「bald and queer」(露骨で奇異で)、「indecent portions」(卑猥な部分) をラテン語にしたことの弁明です。なほ、コタンスキが指摘した「植物学かつ動物学の用語」に関してはチェンバレン自身の言及はありませんが、それは、正確さを求めた結果であるからとくに弁明を必要としなかったからだと思はれます。

翻訳の際にチェンバレンが悩んだのは「卑猥」と感じた部分だったのです。以下の三箇所などは、『古事記』の世界を理解するためには、決して読み流せない箇所なはずなのですが、結局ラテン語にして、その部分は一般読者から隔離されてしまったのです。

そのラテン語の箇所を示しませう。まづ国生みの段です。宣長の訓により引用した次の箇所全部がラテン語なのです。

ここにその妹《いも》伊邪那美命に「汝が身はいかになれる」ととひたまへば、「吾が身は成り成りて成り合はざる処一処あり」とまをしたまひき。伊邪那岐命詔《の》りたまひらく、「我が身は、成り成りて成り余れる処一処あり。故、此の吾が身の成り余れる処を汝が身の成り合はざる処に刺し塞《ふた》ぎて、国土《くに》生み成さむとおもふはいかに」とのりたまへば、伊邪那美命、「然《しか》善けむ」とまをしたまひき。ここに伊邪那岐命「然らば吾と汝とこの天の御柱を行き廻り逢ひて、美斗能麻具波比《みとのまぐはひ》せむ」とのりたまひき。かく期《ちぎ》りて、乃ち「汝は右より廻り逢へ、我は左より廻り逢はむ」と詔りたまひ、約《ちぎ》り竟《を》へて廻ります時に、伊邪那美命、まづ「阿那迩夜志愛袁登古袁《あなにやしえをとこを》」とのりたまひ、後に伊邪那岐命、「阿那迩夜志愛袁登売袁《えをとめを》」とのりたまひき、おのおののりたまひをへて、後にその妹に「女人《をみな》をとこさきだちてふさはず」とのりたまひき。然れども久美度邇《くみどに》興してみ子水蛭子をうみたまひき。

その後の、天神に相談する箇所だけ一度は英語に戻りますが、天神の指示を得て再度結婚する箇所の「かく言《の》りたまひ竟《を》へて御合《みあ》ひまして子淡道之穂之狭別嶋《みこあはぢのほのさわけのしま》を生みたまひき」の傍線部はラテン語に戻ってしまってゐます。

以上の「二神の結婚」による国生み行為の殆ど全部が英訳されずにラテン語訳だったのです。これでは、ラテン語を理解しないとチェンバレンの英訳本からは『古事記』の「cosmogony」(宇宙生成論)を正確に理解することはできないではないかと、驚かされます。

神武天皇の条で伊須気余理比売誕生の経緯の次の部分も括弧以下全部ラテン語です。

（みわのおほものぬしのかみ）見めでてその美人《をとめ》の大便之時《かはやにいれるとき》に、丹塗矢になりて、その大便の下よりその美人の富登を突きたまひき。故、その美人《をとめ》驚きてたち走りいすすぎき、かくてその矢をもちきて床辺に置きしかば、忽に麗壮夫《うるはしきをとこ》になりて、即ちその美人《をとめ》にみあひてうみませるみこ、名は富登多多良伊須須岐比売命またの名は比売多多良伊須気余理比売とまをす。こはその富登といふことを悪みて後に改《か》へつる名《みな》なり

次は景行天皇の条で東国征旅を終へて尾張に帰った倭建命に美夜受比売が大御酒盞《おほみさかづき》を献じた後の一場面。ここに引用した歌謡も含めて全部がラテン語で、「以其御刀之草那芸劔置」になってやっと英語になるのです。倉野憲司校注の岩波文庫『古事記』の訓読を示します。

ここに美夜受比売《みやづひめ》、その襲《おすひ》の襴《すそ》に、月経《つきのさはり》著きたりき。故、その月経を見て御歌《みうた》よみしたまひしく、

ひさかたの　天の香具山　利鎌《とかま》に　さ渡る鵠《くひ》　弱細《ひはぼそ》　手弱腕《たわやがひな》を　枕《ま》かむとは　我《あれ》はすれど　さ寝《ね》むとは　我《あれ》は思へど　汝《な》が著《け》せる襲《おすひ》の裾《すそ》に　月立ちにけり

とうたひたまひき。ここに美夜受比売、御歌《みうた》に答へて曰《い》ひしく、

高光《たかひか》る日の御子　やすみしし我が大君　あらたまの　年《とし》が来経《きふ》れば　あらたまの
月は来経往《きへゆ》く　諾《うべ》な諾《うべ》な諾《うべ》な　君待ち難《がた》に　我《わ》が著せる襲《おすひ》の裾に　月立たなむよ

といひき。故ここに御合《みあひ》したまひて

以上の三箇所が話の全体が英語でない典型的な箇所と言へますが、その他に行動や様子を描写した部分だけがラテン語の例として次の八例を示しませう。原文の宣長の訓を示し、その実線の左傍線部がラテン語の部分です。

㊀速須佐之男命が誓約に勝ったとして暴れた後。「天衣織女《あめのはたおりめ》見驚きて梭《ひ》に陰《ほと》を衝きて　死《みうせにき》」　㊁天岩屋戸の段で天宇受売命が踊った場面。「神懸《かむがか》りして胸乳《むなち》を掛き出で裳緒《もひも》を番登《ほと》におしたれき」　㊂速須佐之男命が「八雲立つ出雲八重垣」の歌を詠んだ後。「櫛名田比売をもて久美度に起して生ませる神のみ名を八嶋士奴美神」　㊃根国で大穴牟遅神から得た大刀・弓で八十神を征伐し国を作った時。「かれその八上比売《やかみひめ》は先の期《ちぎり》のごと美刀阿多波志《みとあたはし》つ」　㊄上巻の大国主神の物語の段で、沼河日売が須勢理毘売命の嫉妬を畏れて、大国主

神と「かれその夜は合はさずして、明くる日の夜御合《みあひ》したまひき」　㊅邇邇芸能命が木花之佐久夜毘売に求婚した時の言葉「我いましに目合ひせむと欲《おも》ふ、汝はいかにと詔りたまへば、あはえまをさじ」　㊆応神天皇の天之日矛の物語の冒頭で、昼寝をしてゐた賤女が赤玉を生む話。「ある　賤女《しづめ》昼寝《ひるね》したりき。是に日の耀り虹のごとその陰《ほと》をさしたる」　㊇安康天皇の条。「おのが妹や等し族《うがら》の下席《むしろ》にならむといひて横刀の手上《たかみ》取り」

以上、例示した十一例の外に単語だけがラテン語の箇所もあり、主に夫婦関係や出産に関る表現です。例へば、くみど、ほと、まぐはひ、みあひ、よばふ、まく、めす等々が予想されるでせう。「くみど」は「隠所」のことで夫婦の寝所、使用例は国生みの段の二箇所だけですが、共にラテン語です。「まぐはひ」は目合で見つめ合って愛情を交すことが原義で男女の交接も意味しますが、実は、チェンバレンは「まぐはひ」があれば、総てラテン語にしてはゐませんでした。英語でも穏便な表現があれば、その英語にしたのではないかと推測されます。その方針は、「ほと」の訳語から確認されました。「ほと」は「陰」や「豊登」と表記され、意味は女陰で、『古事記』の本文に十一例見えます。その訳語として、チェンバレンは殆どを「private parts」(内密の部分) といふ十八世紀後半から使はれるやうになった英語を使ってゐます。生殖器・性器を示す英語としてはラテン語から派生した語「genitals」を当ててゐるフィリッパイの訳もありますが、チェンバレンの方が穏便な印象となってゐるのではないかと思はれ、「genitals」を使はなかったのは、露骨で奇異な表現を嫌ふチェンバレンの一貫した姿勢から生じたからだと思ふのです。

2　ラテン語使用の理由とその意味

既述の通り、ラテン語を使ふのは卑猥 (indecent) だからだとチェンバレンははっきり言ってゐるわけですが、なぜさう感じてさう対応せざるを得なかったのでせうか。

佐伯彰一氏は先に引用した「ラテン語にぶつかってびっくりした」といふ言葉に続いて、古代ぶりのエロスの直截さを、そのまま英語に訳出するのがはばかられたに違いない。いかにもヴィクトリア朝紳士らしい慎み深さであり配慮であるとほほ笑まされる一方、こうした箇所を難なくラテン語に切り替えて訳出して見せる練達の手腕に舌を巻かずにいられなかったものだ。

と述べ、「ヴィクトリア朝紳士らしい慎み深さであり配慮」だと判断してゐます。平川祐弘氏は「チェンバレンは典型的なヴィクトリア風英国紳士である」と述べてゐます(平川祐弘『破られた友情　ハーンとチェンバレンの日本理解』新潮社、昭和六十二年)。平川氏の指摘は、ハーンからの日本人との結婚の相談へのチェンバレンの反応に対する評価なのですが、チェンバレンが十九世紀の世界を支配した西洋知性の典型であったことが窺へる指摘です。

兎角、私たち日本人は、翻訳してくれた、それだけで翻訳者が高く評価をしてくれてゐると思込みがちではないでせうか。確かに、愛情がなければ、苦労の多い『古事記』の精緻な翻訳と註釈など達成できないと感じることには、人が何か取り組む時の貴重な教訓があると思ひます。しかし、チェンバレンには、既述の通り、『古事記』の文体は奇異で露骨で、卑猥ですらあり、美はないといふ評価があったのです。ラテン語の使用は、その立場から生れ出てきたのです。

佐伯彰一氏は前掲書で、チェンバレンの日本文化観について、彼の日本文学に対する見方と態度には、最後まで一歩離れて、冷たく突っ放すようなところがあった。いや、更には一段上の高みからこれを見下ろし、裁断するような趣さえ付きまとっていたことを見逃すことは出来ない。

と評してゐますし、平川祐弘氏も前掲書で

チェンバレンの日本文学に対する価値評価は、生涯を通じて、徹底した西欧優位の視角の下に行われた。

と指摘してゐます。この価値観から、チェンバレンは英訳書の序文で「ラテン語の使用を否定する理由はない」と確信をもって断言したのです。

このチェンバレンの異様な翻訳法は、十九世紀西洋人の日本文化観を知る貴重な事例です。そして、この問題を考へる時、ラフカディオ・ハーン（小泉八雲）の存在が、理解を一層深めてくれます。とくに平川祐弘氏の語る両者の「破られた友情」は、日本とその文化、合理性と神秘性などをどう評価するか等々の問題の所在を具体的なイメージをもって知らせてくれるのです。

六、チェンバレンとラフカディオ・ハーン（小泉八雲）の神道観

外人であつて日本に来り、この社会を見、この文化に親しみ、この国民と歴史との研究に身を委ねて殆ど終生の業となし、欧米に盛名を馳せた人は必しも少しとせぬ。東京大学で最初の国文学を担任したチェンバレンと、日本を愛して世界に其の美しさを紹介した文豪ハーンとが、其中の尤なるものであることは語るまでもない。

これは、牧健二『近代における西洋人の日本理解』（清水弘文堂、昭和四十四年）の序文の最初の段落の中の言葉です。

チェンバレンとハーンは生年が同じで、前者は明治六年（一八七三）満二十二歳で来日、後者の来日はその十七年後。ハーンは、来日の前年、米国でパットンという雑誌記者から多数の本を借り、その礼状に「チェンバレン氏自身の『古事記』の訳と、―日本の神話と言語の形成に対するアイヌの影響の民族学的研究には特に興味を引かれました」と書いてゐることを小泉凡氏が報告してゐます（「小泉八雲が歩いた『古事記』の世界」池田雅之・高

橋一清編著『日本人の原風景１　古事記と小泉八雲』かまくら春秋社、平成二十五年）。そして、

> 先生は、温厚篤実の学者にして、真に英国紳士の典型と称すべく、しかもその健康のために、専ら書斎に親しみて交友多からざりしかど、頗る義侠の念に富まれたるは、朝鮮亡命の士なる金玉均と相往来せしこと、日本に来りて横浜に上陸するやまづ先生をおとなひつる当年のラフカディオ・ハーンを好遇し、松江の中学に、熊本の第五高等学校に推輓せられ……

と佐佐木信綱が書いてゐるやうに（「バジル・ホール・チェンバレン先生小伝」『王堂チェンバレン先生』好學社、昭和二十三年）、来日直後からチェンバレンから日本での生活基盤を得てゐたのです。

日本神話の世界に深い関心を寄せたハーンは、小泉凡氏の前掲の論文によれば、来日後すぐにチェンバレンの英訳『古事記』を購入し、その書には

> 本文だけでなく脚注にも、八雲の蔵書としてはかなりの書き込みが見られます。しばしば、その項目に連動すると思われる頁数が記されているので、関連項目を参照し、

行きつ戻りつしながら精読した痕跡がうかがえます。

とハーンは熱心にチェンバレン『古事記』を読んでゐたことがわかりますが、両者の『古事記』への向ひ方は対照的でした。

チェンバレンの『古事記』観について、『古事記』をライフワークとして四十年近く研究し続けたワルシャワ大学のコタンスキは、次のやうに述べてゐます。

西洋における先駆者的日本研究者の一人であるチェンバレンは、日本文化が達成させたことには批判的な関心をもつだけだったが、『古事記』は例外的に高い評価をしてゐて、その翻訳は彼にとって、古代日本の習慣や年中行事や宗教的かつ政治的な考へ方を知るための第一義の資料であった。疑ひもなくその分野で大きな貢献を果した。どちらかといふと『古事記』の歴史性に批判をもってゐなかった彼の時代の日本の学者たちの中で、彼は『古事記』の情報の歴史的価値には疑念をもってゐた。

ここで「『古事記』の歴史性への疑念」は、牧健二氏の次の指摘に相当するでせう。

彼に於て最も特色的なところは、日本政府が強制していた日本史に対する天皇中心的解釈の中に含まれた不可解を忌憚なく指摘した所にある。……彼の見方は彼の親友であつたハーンと丁度反対で、宗教的要素を少しも考慮せず、歴史を合理的に、従つて凡て功利的精神に立つものとして解釈するのであつた。……実証を重んずる彼は非合理な日本思想に対して同情ができなかつた。

冒頭の彼とは勿論チェンバレンのことです。

親密な間柄を保ってゐたチェンバレンとハーンの間には、日本の文化とりわけ宗教に関する評価に対照的な相違がありました。佐伯彰一氏の『外から見た近代日本』（講談社学術文庫、昭和五十九年）の言葉を引用すれば、

いかなる立論に際しても「事物」の裏づけを忘れることのなかったチェンバレンとは、気質的に正反対というほかはないハーンであったが、あまりにかけ隔たった気質のためにかえって、心おきなく素直につき合うことができたに違いない。

といふわけですが、我々は、その気質の違ひに、十九世紀と二十世紀以降の西洋人の日本文化の見方の相違の典型を見るのです。平川祐弘氏の言葉を借りれば、「この二人は日本

解釈者として対立する二大傾向を代表する」わけで、その傾向は、日本の神道そして神話に対する考へ方において最も鮮明に現れてゐました。

チェンバレンが英訳『古事記』で、重要な場面を英訳せずにラテン語で訳した理由を知る鍵もそこにあると予想できます。チェンバレンは日本の宗教には否定的で、神道信仰には道徳もないと考へてゐたのです。明治の日本で卑猥な表現のある『古事記』が重要視されてゐることもその考へ方を強化したことでせう。この立場は、神道を未開とする文明開化の時代の西洋人の常識的考へでした。それに対してハーンは初めて出雲大社に正式参拝した異国人であったことを喜んで記すほど神道に共感を覚えてゐました。両者の日本文化観の相違は牧健二の『西洋人の日本理解』の次の言葉に簡潔に要約されるでせう。

天皇崇拝と愛国心とは明治以後政府の官僚がでっちあげた新宗教であると論じたチェンバレンに比較すると、祖先教の古さを説いたハーンの方が日本精神をズットよく知っていた、と云えよう。

二人の関係は「日本での生活の基盤を同年齢のチェンバレンが世話し、親交が深かったが、晩年に対立した」(前掲・平川祐弘『破られた友情』)のですが、その対立の根は両者の『古事記』への向ひ方にも現れてゐたのでした。

両者の神道観、日本の神話観の相違を、『古事記と小泉八雲』(かまくら春秋社、平成二十五年)の編著者の一人池田雅之氏は、《「いきるよすが」としての神話VS「言語の病」としての神話》と鮮明に対峙させました。両者の『古事記』に対する対照的な向ひ方を、出雲大社参拝を感動体験として「いきるよすが」とするハーンと神話を「言語の疾病」とみなすチェンバレンとして捉へたのです。「言語の病」とはやや穏やかならざる表現ですが、英語で「myth」の対義語とされるのは事実や現実や実在を意味する「reality」で、「言語の病」は牧健二が使った「でっちあげ」といふ和語に比べれば納得もできませう。池田氏は、神話「myth」の語の原義である「言語の病」の観念が、「一九世紀前半のイギリスのヴィクトリア朝を支配していた『進化論』的な発想」に残存し、チェンバレンもその影響下にあったと言ってゐます。

池田氏がこの比喩的対峙を発表した四十年前、西郷信綱氏がチェンバレンについて古事記の非神話化の問題を考える上に見のがせぬ資料は、チェンバレンの英訳古事記（明治十六年）の序であろう。人類学の祖といわれるタイラーなどをすでに読み、近代実証主義を身につけたこの有能なコスモポリタンの目には、国学以来の日本の古典学にいわば貼りついている精神上また方法上の偏狭さはまる見えであったわけだが、この英訳古事記の序が『日本上古史評論』（明治二十一年）という名の小冊子として翻訳されている（『古事記の研究』未来社）。

と述べてゐました。この主張を思ひ出して私は、根本的また急進的、過激的をも意味するラディカル（radical）といふ語が頭に浮びました。そして、半世紀以上前、史的関連から『古事記』を見る時代の風潮を超越した論考『古事記の世界』（岩波新書、昭和四十二年）の著者がチェンバレンの近代実証主義が国学以来の「日本の古典学の偏狭」の殻を破る「非神話化」だと高く評価する立場の研究だったと再確認するとともに、遠田勝氏の指摘（「小泉八雲─神道発見の旅」平川祐弘『小泉八雲　回想と研究』講談社学術文庫、平成四年）も思ひ出されました。遠田氏は、ハーンの神道信仰に対する姿勢についてハーンが異様なほどの自信をもって、サトウやチェンバレンの神道論を、文献のみに限り国民心理を解さぬもののとして斥けたのは、たんに出雲大社やその歴史を知ったからではない。そこに根付く信仰と、神道が民族宗教としてもつ力と、さらには近代国家における有効性をも、はっきりと見定めていたからなのである。

と捉へ、「神道を理解する有力な手掛かりは、神道そのものの杜にしかない」と断じた指摘と重なってきたのです。遠田氏のこの表現は、「神道の理解は自らを鎮守の森と祭りの現場に浸すことにしかない」と言ひ換へることができるでせう。

そこに神道が儀礼宗教であることの価値、近代国家における有効性もあると私は思ってをり、この点については、本書第Ⅲ部五伝統維持と祭り、以下の章で言及してゐます。

七、『古事記』を読む視点の転換

1　『古事記』は閨房の書か

チェンバレンの英訳でラテン語の箇所の大半が生殖行為に関る表現で、その箇所の翻訳法には十九世紀英国のヴィクトリア朝時代の思潮の影響があるとの指摘を先に紹介しました。その指摘が正鵠を射てゐることは、同時代の英国人アストンも、明治二十九年（一八九六）に刊行した『日本書紀』全巻の英訳で、同書巻一神代上の第四段第五の一書「善少女《えをとめ》をとのたまふ。遂に合交《みあはせ》せむとす。而も其の術《みち》を知らず。時に鶺鴒《にはくなぶり》有りて、飛び来りて其の首尾《かしらを》を揺《うご》かす。二《ふたはしら》の神、見《みそなは》して学びて、即ち交《とつぎ》の道を得つ」の部分をラテン語にしてゐることも思ひ合せれば、肯定できるでせう。

かつて私は、幸田文《あや》がエッセイ「こんなこと」で人間の祕事を綺麗に表現する方法を学ぶために『古事記』を読めと父露伴から教へられたと述べてゐることを出久根《でくね》達郎《たつろう》氏の言及から知って、チェンバレンの翻訳の苦心に同情したことがあります。

『古事記』が閨房の書であるとは思えないが、『古事記』自身にそうした性格が潜んでをり、そこに注目した人々は戦前も戦後も日本の社会に存在するのであって、十九世紀のイギリス人が『古事記』を卑猥な表現のある書として翻訳に苦心したことが的外れな『古事記』理解だったと決めつけることはできないだろう（松井嘉和「『古事記』

と『神典』『大倉山論集』第五十三輯、平成十九年）。

新渡戸稲造も『古事記』の英訳の際にこの国生み物語に註を加へないではをられませんでした。それは、米国滞在の若き日に、宗教教育がない日本には倫理道徳がないと指摘されて同感し、衝撃を受けた新渡戸にとって国生みが生殖行為によって為されてゐる記述が神話や宗教の理解の躓きの石であったからではないかと思はれます。新渡戸は、天之御柱について、「Hertlein が古代サクソン人が崇拝してゐた聖なる支柱 Irminsûl について示唆してゐるやうに天を助けることが中心の思想なのか、あるいは古代ヘレニズムの天柱に関係があるのかあるいは旋回占ひなのか」と諸説をあげ、さらに続けて、

この御柱を巡るといふ考へ方の起源が男根崇拝と豊饒の呪文であったのはあり得ることだ。メイポールと同じ意味があることも殆ど疑ひはない（フレイザー『金枝篇』参照）。とくに、女性の生殖力の強化を樹木に原因を求めるマオリの Tuhoc 族の信仰は注目に価する。不妊の女性はその腕でその木を抱きしめて、西側を抱くか東側を抱くかによって男か女かどちらかの子を得るのである。……御柱は、結婚したときに男女が

自分を見せる前に現れる先祖の象徴であるトーテムポールなのだらうか。と、短い「全巻簡訳古事記」の中で、一際目立つほど長い註を記してゐます。

2　聖婚（hierogamy）

チェンバレンがラテン語で示した岐美二神の国生み物語を理解するに当り、新渡戸はフレーザー卿の『金枝篇』を参照してゐました。文化人類学、民族学的な視点を参照したことは注目に価します。『金枝篇』(永橋卓介訳、岩波文庫、昭和四十一年）は、第十一章「植物生育に対する性の影響」と第十二章「神聖な結婚」といふ章を設け、第十一章を、

ヨーロッパにおける春の祭り夏の祭りについての以上の検討から、われわれは次のように推断することができる。すなわち、われわれの未開な祖先たちは、植物生育の力を男と女とに人格化して考え、……五月の王と王妃、聖霊降臨祭の花婿と花嫁などの形を取る森林の神々の結婚をまねることによって、樹木や植物の生成を促進しようと考えた

といふ言葉で始めてゐます。そして、同章は、
ヨーロッパの各地でも、人間の両性間の関係は植物生育を促進するために利用できるという明らかに同様な原始的観念に基づく習慣が、春と収穫時にあまねく行われている。

と、「行われている」と現在形で記述を結んでゐます。英語の時制を換へて邦訳することは余りないので、原文も現在形だと思ふのです。『金枝篇』は初版が一八九〇年、最終決定版は一九三六年、二十世紀でも欧洲各地で「原始的観念に基づく習慣」が行はれてゐたのだらうかと興味が惹かれます。

小口・堀監修『宗教学辞典』(東京大学出版会、昭和四十八年)に「神婚」といふ項目が立てられ、
古代ローマの密儀も男女の祭司による神婚の摸擬化や男根の例が中心であり、その影響は広くヨーロッパに伝播して中世以来のキリスト教支配下の祭儀や習俗を色どっている。

といふ説明があります。また、ミルチャ・エリアーデ(Mircea Eliade〈一九〇七—一九八六〉)

は、一九四九年に発表した著書（堀一郎訳『永遠回帰の神話』未来社・昭和三十八年）で、

> 夫婦間の結合は宇宙論的なリズムに統合される儀礼であり、その統合によってその行為が正当化される。……性行為と農耕作業の同一視は多くの文化にしばしば見られる。

と指摘しつつ、その実例を幾つかあげ、

> 収穫祭のとき中部及び北部ヨーロッパに原則的に見られる放恣—これに対して教会当局がいたく争ったが、これを禁止させることは出来なかった。

とも語ってゐます。この教会当局の争ひは、西暦五九〇年のオーセレン（Auxerre）会議のことださうですが、この種の軋轢は、一回の歴史的出来事に終らず、その後の各地の教会が直面し続けてゐる民俗的行事や習慣との緊張関係でもあるのです。

さらに、エリアーデは、キリスト教世界に伏在する古代的要素の根の深さについて述べてゐます（中村恭子訳『エリアーデ著作集 第七巻 神話と現実』せりか書房・昭和四十八年）。

> 東西キリスト教会は、あまりに多くの異教的要素を受容したとして非難されてきた。これらの批判が常に正当であるか否かは疑問である。一つには、「異教」は、表面的

ではあっても、「キリスト教化」された形でのみ残存できたのであった。この絶滅できない「異教」同化政策は、目新しいことではなく、原始教会はすでに前キリスト教時代の聖暦の大部分を受容・同化していたのであった。他方、農民はかれらの宇宙における生存様式のゆえに、「歴史的」道徳的キリスト教に惹かれなかった。農民に特有な宗教経験は、「宇宙的キリスト教」と名附けられるものによって培かわれた。いいかえれば、ヨーロッパの農民はキリスト教を宇宙的儀礼として了解していた。

エリアーデは、農耕民族に、男根を鋤とそして女性を鋤き返された地面と同一視する考へが見出され、ヨーロッパの民間伝承にも保存されてゐることに注目してゐました。そして、女性の生殖能力を重視した古代世界の意義を次のやうに述べてゐます。

人類―大地 anthropo-telluric の比較は、ただに農耕と妊娠の真の原因とを、ふたつながら理解し得た文化内においてのみ起り得ることである。……この男根―鋤の同一視は、絵画的にまで表現されている。この表出の起源ははなはだしく古い。……この種の原始的直観は、話し言葉だけでなく、真面目な著者たちの語彙からさえ消え去るのに長い時間を要した（堀一郎訳『大地・農耕・女性』未来社・昭和四十三年）。欧洲にも豊饒なる母なる大地といふ信仰の存在を認めてゐるのです。

また、『古事記』の天石屋戸の物語で天宇受売命が「神懸りして胸乳をかき出で、裳緒をほとに忍し垂れき」の場面についての見解を求められたレヴィ=ストロースは、「アメノウズメの淫らな踊り」と題した報告で（前掲『月の裏側』）、ヘロドトスの記述を参照して次のやうに述べてゐます。

女性器を見せるというおどけた仕草で何かを暗示することが、幾世紀にわたってエジプト文明のなかで続いた特性の一つだったように思われる。

これは『古事記』が描く卑猥と思へる行為の生命力喚起の力を認めた発言でせう。

十九世紀の西洋人としてチェンバレンは『古事記』に古代宗教の未開性を見てゐました。その時代の学問では、『古事記』の世界は未開の未発達の宗教であるとされてきましたが、二十世紀以来の現代の宗教学は、単に未開で未発達段階の観念だと見做して済ませることはなくなりました。そして、その学問的潮流は、今や、チェンバレンが英訳するに堪へなかった記述を肯定的に捉へる思潮へと展開されてきてゐるのではないでせうか。

一神教の世界の人々に『古事記』の世界観、宇宙生成論を説明するとき、チェンバレンのやうに卑猥だからラテン語で読者を煙に巻いておくか、あるいはその文化的意義を考へて再評価するのか、その立場をはっきりと定めることは、不可避の問題なのです。

十九世紀の西洋中心の世界思潮の中のチェンバレンは、ラテン語の使用によって自らの訳本の中に生じる卑猥さに対応したのでした。

3　人間の真情の禁忌のない自由でおほらかな肯定と描写

今やチェンバレンが否定的に扱った宇宙生成における生殖行為を、あるがままに素直に肯定するに留まらず、その意味が見直されてゐることは、既に見た通りです。いはゆる未開社会に理性や合理性の発見を促した二十世紀以降の人類学は、『古事記』にも新たな視点を提供したのです。

この点を明確な言葉で発してゐる碩学として、すでにエリアーデやレヴィ＝ストロースやコタンスキに言及しました。コタンスキは「世界は成熟した女性による子宮に形成され、そこから出生した」とするのが日本神話の世界観だと解釈して、自身のポーランド語訳『古事記』の序文で次のやう述べました。

天の神々は評議して、正式にその岐美二神に対して地上世界の整備と固成化とを命じた。派遣された彼らとその子孫は、生殖行為の鼓舞者の神々であった。造物主の性的行為は天地開闢の行為となり、後世の男と女のあらゆる結びつきは、世界を更新させるこの再生の行為を繰り返してゐるのである。

つまり「造物主の性的行為は天地開闢の行為」で「生殖行為が世界を維持させてゐる」といふのです。そして、その世界観を原罪の観念と結びつけずに肯定してゐるのです。そのため、処女懐胎でなければ聖性は伴はないキリスト教の精神風土の中で納得を得るために苦心し、『古事記』の序文の「二霊群品の祖」とは完全に一致はしませんが、その霊や祖のイメージで岐美二神を英語「demiurge」(デミウルグ)に相当するポーランド語「demiurg」に翻訳するやうになりました。デミウルグは「造物主」と和訳される語ですが、全知全能の創造神ではありません。

米国の神話学者ジョーゼフ・キャンベル（Joseph　Campbell〈一九〇四―八七〉）は日本神話に関連して

㈠私は日本を訪れたときの経験を決して忘れないでしょう。原罪による堕落も、エデンの園もまるで聞いたことのない国です。神道の聖典のひとつに、自然の営みが悪しきものであるはずはない、と書いてあるのです。あらゆる自然な衝動は矯正するのではなく、昇華すべきである、美化すべきである。自然の美と、自然との協力とに対するすばらしい関心がありますから、日本の庭園のいくつかでは、どこで自然が終わって人工が始まっているのかわからない。これはすごい経験でしたよ。

と発言してゐます。この言葉の理解には、彼の次の発言が参考になるでせう。

㈡現代のわれわれの宗教が抱えている問題のひとつは、それが最初の出発点から善悪の問題を強調していることです。キリストは私たちの罪を償うために送られてきた。悪の償いです。……私たちは神話的なテーマを解釈するときに「負債《おいめ》」や「償い」といった語句を使うことになったのです。ところが東洋での解釈では、借金や返済といった概念とは無関係の、「無知」と「光明」といった語句を使います。……エデンの園など存在しなかったし、人間の堕落などなかった、従って神に対する裏切りの罪もなかったと確信する人々にとっては、まるで辻褄《つじつま》が合いません。

㈢世界中の神話のなかで、旧約聖書の神話ほど陰鬱なものはひとつもありませんよ。

㈣宗教とは、実は第二の子宮みたいなものです。人間という極めて複雑なものを成熟させるためにそれはあるのです。自分に正しい動機を与え、自分を行動させるために。

ところが、罪の観念は人を一生涯卑屈な状態に追いやってしまいます。

いづれも飛田茂雄氏の訳で、㈠㈣は『神話の力』(早川書房、平成四年)、㈡㈢は『時を超える神話』(角川書店、平成八年)に見える発言です。

キャンベルは、日本の神話はタブーのない自由な人間の姿が描写されてゐて、楽天的、楽観的な希望を感じると言ふのです。

日本人が、死を「御陀仏」とか「仏になった」とか言ふやうになったのは、「水に流す」といふ善悪を超越した赦す価値観があって、その影響もあったからでせう。近隣諸国ではさうではなく、悪は永遠に悪で、死者の墓を暴いて遺体や遺骨を粉々にするといふことまでもやります。文化の違ひですが、世界はむしろその善悪を峻別する宗教や文化が多い。さういふ中で、ワニを騙した兎も赦される、そんな『古事記』の世界が見直されてゐるのです。

4　母の宗教

数年前、学生たちに『古事記』の読後感を課題にレポートを書かせたことがあります。稲羽の素菟の話のウサギは悪いことをしたのに皮をはがれた軽い苦しみだけで神様に助けられたのはなぜか、なぜ鰐を騙すやうな兎が可愛いとされ、大切にされてゐるのか、といふ疑問を述べた学生が少からずありました。悪戯には罰を与へなければならない、最近の日本人もまづさう考へるのかと驚きました。

コタンスキ博士は、日本神話の世界は陰惨さがなく明るく、楽観性を特徴としてゐるところに好感を抱いてゐました。子供の時に知った稲羽の素菟の物語で悪戯者の兎を救ふ神がゐることの印象が心に残っててゐるからだ、と言ったことがあります。赦す慈愛の重要性を言ったのだと思ひます。それを聞いた時、私は、遠藤周作の代表作『沈黙』を思ひ出しました。

救ひの問題を提起した『沈黙』は、出版された当初、ローマカトリック教会は考へ方の違ひを認めなかったと聞いてゐます。遠藤の提起した救ひの問題は、「キリスト教では、踏絵を踏まずに命を落とした人を殉教者として崇めるが、踏んでしまった人は救ひの対象から外される。しかし、弱い人間が踏絵を踏んでしまっても、慈愛をもって赦してくれるのが神ではないのか、たとへ宣教師であっても。神とはさういふ存在ではないのか」とまとめることができるでせう。

キリスト教では、信仰に殉じることこそが本当の信仰で、それを貫かなければならないわけです。しかし、遠藤周作は、神ならぬ人間は、弱さ故に救はれて然るべきだと考へたのです。さういふ慈愛の宗教を彼は「母の宗教」と呼び、これが日本の宗教で、西洋のキリスト教は「父の宗教」つまり信仰を逸脱すれば罰せられる厳格な宗教だと指摘してゐました。

この観点からキリスト教世界を見直しますと、ローマカトリック教会も正教会でも、信仰の強固な地域ではマリア信仰が人々の支へとなってゐて、「母の宗教」の要素が強いことに気づかされるのです。人々はマリア様を信仰して救ひを求めてゐます。イエスの磔刑による贖罪よりもむしろマリアの慈愛に縋る現実が見えてきます。

ポーランドで地から湧く生水を飲める場所があり聖地になってゐます。現在でも夏になると、その聖地へ数百キロも巡礼をする人が絶えません。私も、田舎の人に誘はれたことがあります。共産党政権下の昭和五十年（一九七五）のことでした。ポーランドの人々の信仰の篤さを知る絶好の機会なので同意したのですが、その田舎から四百キロほど、そんなに歩けないと言ったら、乗合ひタクシーを用意してくれました。一日で聖地に着きましたが、泊まる宿は空きがなく、野宿しました。人々は大挙して水筒などにその生水を汲んで持って帰ってゐました。スウェーデンに国土を蹂躙されかけたとき、そこが要塞になって防いだ地でもあります。本尊はブラック・マドンナ。その黒いマリア様が侵略から助けてくれたのです。ブラック・マドンナは北アフリカなどにもあるさうですが、ポーランドを守護するマリアには頬に二筋の傷があります（**写真**）。その傷は、スウェーデンの侵攻を

GRANGER／時事通信フォト

防いだ時に、自ら傷を受けて守ってくれた時の聖痕だと信仰されてゐます。

ポーランドでは今もそのブラック・マドンナが国内の教会を巡る風習があります。祭壇が全国を巡るのです。共産党支配下の時代、巡回を止めさせようと共産党政府が、その祭壇に格子をつけて牢獄のやうに閉ぢ込めたところ、逆効果で、ますます信仰が燃え上った出来事がありました。ポーランドのカトリック教会を生き残らせたのは共産党だ、と皮肉っぽい冗談があったほどの国がポーランドです。人々は本を読んで頭の中で理解した倫理道徳よりも生活とそのリズムの中で日々生きてゐるので、信仰が生きて消えません。この生活のリズムの重要性は第Ⅲ部で述べてゐます。このとき、慈愛のマリア信仰が非常に強いことが注目されるのです。ただ、そこで日本人にとって問題なのは、マリアの処女懐胎ではないでせうか。日本人は、俄には信じ難い教義を設けずに、ごく自然に人間のそのままの夫婦が物事を生み出していくことを重視してゐます。繰り返しますが、先にも触れましたやうにコタンスキは、日本の神話は造物主の性的行為は天地開闢の行為と捉へてゐて、日本人は、「後世の男と女のあらゆる結びつきは岐美二神の天地開闢の行為の繰り返しで、此世の世界を更新させる行為の繰返し」だと考へてゐると指摘しました。

チェンバレンが英語に翻訳できなかった箇所は、タブーとしてネガティヴに解釈されるのではなく、肯定的に理解されるやうになってきました。さうした理解は、キャンベルが言ふ次の指摘に適格に示されてゐます。

女性は生命を代表するものです。人間は女性によることなくしては生命を与えられません。（前掲『神話の力』）

禁忌《タブー》のない自由な表現の描写は『古事記』の魅力の一つだと再発見されてきたのです。そして、幸田露伴が娘に言った「『古事記』は人間の祕事を綺麗に表現する方法を学べる書だ」といふ指摘と夜久正雄氏が次のやうに言った意味が確認できた思ひがしてゐます。

私は『古事記』から、人間の喜怒哀楽・悲喜明暗すなはち人間の情意といふものを学んだ、と言へます。人間の情意は誰でも持ってゐると言へませうが、それが表現される時にはじめて自覚され浄化される……（前掲『古事記のいのち』））

十九世紀、神道は道徳律のない未開の信仰と考へられ、『古事記』は露骨で卑猥な表現があるとされ、非神話化の立場から解釈されるべきだとされてきました。しかし、二十一世紀の今、その同じ表現が人の情意を率直かつきれいに表現された部分だと評価されてゐるのです。

八、『古事記』の最初の外国語訳は伊藤博文によってなされたのか

『古事記』の最初の翻訳はいつ誰によってなされたのでせうか。幕末の馬関戦争の時、伊藤博文が日本神話の翻訳を余儀なくされたといふ興味深い伝説を紹介いたしませう。私は、この伝説が生れるところに日本における日本神話の生きた力を感じるのです。

馬関戦争は、文久三年（一八六三）五月長州藩が下関を通る異国船を砲撃し、幕府に先駆けて攘夷を実行した事件です。その後、元治元年（一八六四）八月五日四カ国連合艦隊（英米仏蘭）が下関の砲台を占領し、和平交渉が始まりました。高杉晋作は家老と称して、何度

か交渉に当りました。伊藤博文と共に交渉の準備に奔走した外交官で日本研究家のアーネスト・サトウが、その交渉について滞日記録『外交官の見た明治維新』(坂田精一訳、岩波文庫)に書いてゐます。

宍戸刑馬という家老(松井註・高杉晋作のこと)は、黄色の地に大きな淡青色の紋章(桐の葉と花)のついた大紋《ダイモン》と称する礼服をきて、絹の帽子をかぶっていたが……白絹の下着は、目が覚めるように純白だった。……使者は、艦上に足を踏み入れた時は悪魔《ルシフエル》のように傲然《ごうぜん》としていたのだが、だんだん態度がやわらぎ、すべての提案を何の反対もなく承認してしまった。それには大いに伊藤(松井註・伊藤博文、通訳として同席)の影響があったようだ。

半世紀ほど前に私は、テレビドラマでこの交渉の場面を見た記憶があるのです。高杉晋作が「高天の原は……」と語り出して延々と止めない奇妙な一齣でした。パークスが「もうやめてくれ」と言って交渉が終り、そんな滅茶苦茶な外交交渉などあるのだらうかと訝しく思った印象が残ってをりました。この話は山岡荘八氏が『髙杉晋作3』で劇的に描き出してゐますし、司馬遼太郎氏も書いてゐます。

数年前、『伊藤博文傳』に「往年講和談判の時、高杉晋作が西洋人に向い、判らんなりに、日本の神代講義をしゃべり出したので英国人には判らず、租借の要求が有耶無耶になって助かった。もし不幸にして講和欲しさに租借でも承諾しようものなら、支那の香港が馬関の沖に出た訳。それを想えば高杉は奇妙な智慧者であった。」とあると教へてくれた人がありました。その「判らんなりに」は晋作のことであるよりも翻訳を迫られた伊藤の苦心の述懐だらうと興味が沸き、「高杉は奇妙な智慧者」との評価の巧みな表現に触れ、晋作の外交交渉での神話朗詠と、伊藤博文が即興で翻訳せざるを得なかった苦心が偲ばれ、『古事記』あるいは日本神話を最初に英語で語ったのは伊藤博文だといふ「事実」の面白さを感じてをりました。

本書を上梓する機会を得て、『伊藤博文傳』(原書房、昭和四十五年）で右の文言を確認しました。しかし、見つけられないでゐます。一方、司馬遼太郎『世に棲む日日』の「彦島」の節に、「神勅を披露し、えんえんと晋作の舌はとどまるところがない」や「通訳の伊藤俊輔も、〈高杉は気が狂ったのではないか〉と正直なところ思った」また「おもえば高杉というのは奇妙な男であった」等々の情景を髣髴させる描写が、私が信じた先の詞と表現も内容も近似してゐることに気付きました。

では、外交交渉の席での晋作の神話朗誦は、山岡荘八と司馬遼太郎両氏の創作だったのでせうか。

司馬氏の作品は、読者が脚色された歴史描写だと気付いても、史料に基づいてゐると思はせる場合が多く、短文で断定し続ける文体が、事件や人物の評価の分りやすさを生み出して、その評価を定説化させてゐます。しかし、その春秋の筆法にしばしば独断を感じてうんざりさせられるのです。人気のある『坂の上の雲』はその典型だったことが思ひ出され、晋作の神話朗誦の生き生きとした司馬氏の記述もそんな創作の類なのだらうか、と高杉の神話朗誦の「事実」に不安を覚えました。

司馬氏は『坂の上の雲』を大河ドラマ化したいといふ提案を何度も断り、テレビや映画でのドラマ化を終生許さなかったさうですが、その理由を私は、『名将　乃木希典』（中央乃木会、現在『乃木希典と日露戦争の真実』と改題、ＰＨＰ新書）の桑原嶽氏の推定通り、記述内容が史実として読まれる不安に加へ、乃木将軍の断罪的な評価が偏見である危ふさに自身が気付いてゐたからではないかと思ってゐます。ならば、神勅の朗誦や伊藤博文が晋作を狂ったと感じたとする司馬氏の記述も、誇大な脚色だったのでせうか。

司馬氏は、『世に棲む日日』の「彦島」の節を、以下に紹介する『伊藤博文傳』の記述のある部分の要約のやうな詞章で軽く触れてゐます。それは、伊藤が連合国の彦島咀嚼の要求に深く悩んだことを示す箇所で、漢詩の引用など前後の詞章と全く異なる筆致で、伊藤の特別の感懐を暗示してゐます。

高杉と余輩がクーパー司令官と談判中、先方より彦島の咀嚼を提議せしが、今より思へば危うかりき、若しあの時先方が飽くまで惟を要求せしならんには、強弱勝敗の形成上、我は如何ともする能はざりしならん、この島は今の香港対岸の九龍島に等しき運命に陥りしやも知るべからず、想うてこゝに至れば、実に慄然たる感あり、当時何故先方にてその要求を強ひざりしや、その訳は今以て諒解し能はざる……

伊藤はこの感懐を七言絶句の漢詩に詠んで「随員等に示」しました。その四句目で「得免神州禦侮疎」と日本列島を神州と呼び、他国の侮りから守ることを得たと詠じてゐたのです。漢詩を含むこの記述から蒙古襲来を防いだ要因を神風だと考へた日本人の心境と相通じる国土・国家観が感じられ、伊藤にも神話に繋る神々の生んだ国を守るといふ気概があったことが知られるのです。

とくに、吉田松陰の薫陶を得た晋作は、馬関戦争の二年前、上海で清国人が西洋人に犬のやうな扱ひをされてゐた現状を具に見て、国土租借のもたらす意味を十分に認識してゐたのです。さうした背景を思へば、神代の朗誦の伝説も、その詳細はどうあれ、荒唐無稽な創作だと無視して済ませることはできないと思ひました。

固有地の租借といふ外交交渉での神話の朗誦の伝説は、神話の力が国の危機の時に働くことがあり、神代と今の繋りとの連続に心安らぐ日本人の感性の顕現の一例ではないかと思ふのです。日本神話の英訳を最初に迫られたのは伊藤博文だったと解釈できる伝説は、吾が国の精神史の一面を示してゐるのではないでせうか。

第Ⅱ部

『古事記』と国語

はじめに

本書を手にしてくださった方々は、『古事記』の内容は承知してゐる方が多いことと存じます。そこで、よく論じられる『古事記』に書かれた内容の現代的意義などではなく、文字を持たなかった古代日本人がどのやうに『古事記』を書物として残し得たのか、そして、その努力が今日の私共の国語生活の在り方を決定づけたほど重要な意義があったことを学びたいと思ひます。

一、古事記はどのように書かれたのか

1　日本語と文字

ひらがなとカタカナが公に使はれ始めたのは十世紀初頭ですから、『古事記』が撰録された時代に日本で知られてゐた文字は漢字だけでした。日本に神代文字があったと主張する人もゐて、『古事記』に関心のある外国人で興味を示す人もゐました。明治十六年（一

八八三）にレオン・ド・ロニーといふ人が「古事記＝日本古代の回想録―日本の神々の誕生に関する断片」と題した文章を発表してゐます。何を語ってゐるのか把握できてをりませんが、そこに神代文字の一覧表が掲げられてゐて驚かされました。ヨーロッパの学会で『古事記』の名が知られるやうになった頃、研究者に神代文字に感心を示した人がゐたのです。

学術的にも高い水準の『古事記』の英訳本を一九六八年に刊行させたフィリッパイは、「いはゆるカミヨモジ（神代文字）は、音韻体系は後世のそれに相応し、江戸時代の学者の粗雑な創作である」と、奈良時代の音韻体系を根拠に神代文字を否定してゐます。

私たちは、『古語拾遺』の冒頭の「蓋し聞く、上古の世未だ文字あらず。貴賤老少、口口に相伝へ、前言往行して忘れず」の一句、そして、「上古の時は言意《ことばこころ》並びに朴《すなほ》にして、文を敷き句を構ふること、字に於きて即ち難し」といふ『古事記』の序文の太安萬侶の述懐を素直に信じたいものです。

右に紹介したフィリッパイの言葉には「日本人は異国の影響から関係なく書記法を発展

させたことはなかった。古事記全体が書かれた文字の漢字は古代日本で知られてゐた唯一の書記体系で、それを基盤として平安時代に字音表が発展してきた」といふ言葉が続きます。これは、日本には独自の文字がなく、『古事記』は外国語の文字で大和言葉の伝承を表記し、その努力はやがてその借用した文字を基礎に独自の文字を創案する基礎となったといふ指摘です。それは日本語の文字と表記の生成過程で最も重要な点で、その発展の原型が『古事記』にあったのです。そのことを再確認することが本章の目的です。

2　太安萬侶の苦心

言ふまでもなく、漢字は大陸で使はれた言語のための文字でした。その言語は日本列島で既に形成されてゐた大和言葉とは音も文法も全く異質です。

そんな異文化の文字である漢字しか知らなかった古代の日本人は、書物をまとめようとした時、その文字を使ふ外に書記の方法は考へられませんでした。

その情況は、今の私共が、文字としてローマ字だけを与へられ、様々な日本の記録を文字に残さなければならなくなって、どうすれば同時代また後世の人々に読んでもらへる本を作ることができるか、といふ課題に直面した情況だと考へてみてください。

その時、対応策は二つあるでせう。一つは、大和言葉とは異質の言語で書き記す方法、例へば、その異言語が英語だとするとローマ字で英語のまま日本古来の伝承を記す方法で、いはば翻訳方式です。もう一つの方法は、その文字の表音機能を利用して大和言葉の音を写しつつ、大和言葉の文法や語彙に即して書く方法、いはば日本語のローマ字表記です。

前者の翻訳方式では、大和言葉の世界を放棄することになりますし、そんな本を書き残しても、日本がバイリンガル（二言語使用）の世界でなければ人々に読んでもらへず、その図書の存在理由はあり得ません。後者のローマ字表記は、実際に万葉仮名の表記として利用された方法です。それにより大和言葉の音を書き残すことはできましたが、意味が取りにくいばかりか文章が長くなりすぎて不便極まりない方法でした。

では、どうやって『古事記』を書き記したのでせうか。太安萬侶はその困難を自覚し、独自の方法を編み出して、新たな挑戦に臨んだのでした。その苦心の跡は、本章4で述べますが、その前に『古事記』を書き記した時の太安萬侶の役割を確認しておきませう。

3　『古事記』をまとめたのは誰か――太安萬侶の役割

『古事記』成立の経緯は、太安萬侶が記した元明天皇への上表文いはゆる古事記の序文が最も詳しい史料です。その漢文体の文章が、本文の偽漢文と異質であること等々から、様々な「古事記偽書説」がありました。しかし、昭和五十四年一月二十日、奈良市田原町の茶畑で太安萬侶の遺骨と墓誌などが発見され、彼の実在が証明され、偽書説は力を失ってゐます。

太安萬侶の人物像は、西宮一民氏が『新潮日本古典集成　古事記』の解説で、

宮廷専属の文人学者として特別に処遇され、そのために初めから官職に就かせられなかったのだろう

と述べてゐます。「特別に処遇され」とは、今なら正式な国家公務員の官職を得ずに宮中の内廷費で雇用されたと譬へられるかもしれません。さう考へると、公的な正史として平

安時代から読まれてきた『日本書紀』と比べて『古事記』がある一定の範囲の中だけで伝へられてきたと考へられる両書の違ひもわかるやうな気もします。

現存する『古事記』の全巻そろった最古の写本は、今、大須観音として知られる名古屋の寺院で十四世紀後半に筆写された真福寺本です。国宝に指定されてゐます。わが国が混乱して、大きく変る頃に見直されて全巻の写本が作られたのかもしれません。ともあれ、文人学者としての職を担って仕上げた太安萬侶の業績は、六百年近くの後に筆写され、今に伝へられてゐるのです。

様々な物語がばらばらに伝承されてきてゐる異国の神話に比べ、『古事記』は完結した一つの完成された作品であり、さうであればこそ作者の意図があるはずだ、と予想する人は一人二人に留まりません。そこで、作者の制作意図を問ひ、太安萬侶は、口承してきた言葉をただ文字に移し替へただけなのか、といふ問題が取り上げられるのです。

チェンバレンは英訳『古事記』で、太安萬侶は「compiler（編纂者）の名だ」と註記し、編者と位置づけて、次のやうに述べてゐます。

『古事記』の作者が誰であるかを示すことは難しく、天武天皇と稗田阿禮と太安萬侶の三者すべてが表紙に名を出す資格がある。しかしながら、この問題は、我々にとって重要ではない。ただ、阿禮が果した役割はやや強調されすぎてきただろう

因みに、チェンバレンの『英訳古事記』の序文を邦訳して、明治二十一年に一書にした飯田永夫は、この一節を次のやうに訳してゐます。

孰レも皆撰者の名を分有して可ならん。されとも此レ等の事は余輩の緊要なる論旨にあらず。且文中阿禮の功勞を説ク事、稍其ノ實に過たり

フィリッパイも一九六八年の翻訳書で「compiler」(編者）としてゐますが、二〇一四年に米国のコロンビア大学で刊行された英訳『古事記』の訳者ヘルットは、稗田阿禮の性別だけでなく実在を疑ふ説があることや天武天皇より元明天皇の意志を強調する見解などを序文で述べ、太安萬侶の関与を重く見て、「author」(著作者・起草者）と明記してゐます。

コタンスキも、口頭伝承の筆録であっても文字にする際に筆記者の考へ方が文章に反映

しないはずはないし、先例のない新規事業でもあることから、一級の知識人であった太安萬侶が、いはゆる「述べて作らず」で終るはずもないと、天武天皇と安萬侶の意図の探究を『古事記』解読の際の問題の一つとしてゐました。そこに私は、添削された歌を自分のものとすることや本歌取りが認められることと剽窃との差を問題とする近代西洋人の個人の創作意識を重視する姿勢があるやうに感じてをりました。

『古事記』の序文には、『古事記』制作の発端は、天武天皇が親らまとめて定本とした「天武天皇御識見本《ごしきけんぼん》」(西宮一民氏による）を阿禮に勅語して誦《よ》み習はしめたこと、それを後世に伝へるために元明天皇が「和銅四年九月十八日、臣安萬侶に詔りして、稗田阿禮の誦む所の勅語の旧辞を撰録して献上せしめ」、安萬侶が「謹みて詔旨《おほみこと》の随《まにま》に、子細に採り摭《ひろ》ひ」、『古事記』が完成したと記されてゐます。

天武天皇が御親ら精査し撰録された定本であることの重みについて、小林秀雄が畢生の大著『本居宣長』の中で述べてゐます。

(天武）天皇の意は「古語」の問題にあつた。「古語」が失はれれば、それと一緒に

「古の実《まこと》のありさま」も失はれるといふ問題にあつた。宣長は、さう直ちに見て取つた。

この指摘に注目すれば、『古事記』の内容は天武天皇親から撰録なされた、と考へてもいいのではないでせうか。翻訳者は原本の作者が誰かと問題にする意識が高いと感じられるので、西宮氏が「天武天皇御識見本」と言つてゐることの重要性に鑑み、一言添へました。

なほ、チェンバレンは太安萬侶を「Futo no Yasumaro」と繰返し書いてゐて、その後の再版本でもその通りです。誤植ではないやうです。

4　一句の中に音訓を交へ用ゐ、一事の内に全く訓を以ちて録《しる》しぬ

安萬侶は天武天皇の「御識見本」を「随詔旨子細」(勅命のままに精緻に採り拾ひ)、文字に起したのです。『古事記』の序文は、この言葉の後に次の言葉が続きます。

謹随詔旨子細採摭然上古之

時言意並朴敷文構句於字即謹みて詔旨《おほみこと》の随《まにま》に、子細に採り摭《ひろ》ひぬ。然れども、上古の時、言意《ことばこころ》並びに朴《すなほ》にして、文を敷き句を構ふること、

難已因訓述者詞不逮心全以音連者事趣更長是以今或一句之中交用音訓或一事之内、全以訓録即辞理叵見以注明意況易解更非注

字に於きて即ち難し。已に訓に因りて述べたるは、詞《ことば》心に逮《およ》ばず、全く音を以ちて連ねたるは、事の趣更に長し。是を以ちて今、或は一句の中に、音訓を交へ用ゐ、或は一事の内に、全く訓を以ちて録《しる》しぬ。即ち、辞理の見え叵《かた》きは、注を以ちて明らかにし、意況《いきょう》の解《さと》り易きは、更に注せず

（謹んで仰せの趣旨に従って、細部にまで目配りを行き届かせて正しいものを採録した。しかしながら上古の時代は、言葉と意味ともに素直な国語であり、それを漢字に敷き移し、漢語で綴《つづ》ること、つまり漢字での日本語表記は容易ではない。すべて訓字で表記すると言葉の意味が十分に通じない。またすべて字音仮名で書き連ねると長々しすぎて意味が十分に通じない。／このような次第で、今、あるときには一句の中に音字と訓字を交え用い、あるときには一つの事柄の内に、すべて訓字をもって記した。文中の言葉とか文意の読みとりにくい場合には注をつけて明らかにし、文意と文脈の理解し易い場合には注をつけない）（中村啓信『新版古事記』角川ソフィア文庫・平成二十一年の現代語訳）。

天武天皇が、稗田阿禮に命じて憶えさせた勅語の物語を、太安萬侶はどうすれば異文化の言語の文字で書き記すことができるのか、思案しました。

「訓字で表記すると言葉の意味が十分に通じない」とは、漢字の意味を利用して書く方法だと、表現したい「心」を十分に言ひ表すことができない、といふ悩みです。具体的に例を以て述べますと、和語の「うみ」と漢字の「海」の意味、その語が喚起させるイメージが完全には一致しないといふことで、その問題を安萬侶は認識してゐたのです。

実際の話ですが、上海を訪問中の日本人が、長江の河口へ案内された時、対岸の景色が遙か遠く、そこは海だと思ったさうです。しかし、「まだ海ではない、河です」と言はれたのです。この実話を聞いて、私は、琵琶湖や浜名湖を「うみ」と呼ぶ日本人の言葉遣ひを考へました。日本語では、古くは大きな池や湖も「うみ」と言ったことは、近江や遠江の地名からわかりますが、海と同じ語で表現された琵琶湖や浜名湖を実際に見て、それを海と記すことに違和感を感じる大陸の人が今でもゐることもこの実話は示してゐます。日本国内でも、荒波の日本海沿岸の人々が瀬戸内海を前に、ここが海とは思へない、と感じると聞いたこともあります。別の例を取れば、「mountain」の意味を表現したいとき、和語の「やま」を「山《さん》」と書いたら、日本人が抱く山のイメージとは一致しない景色をイメージされてしまふ不安が付きまとふといふことなのです。『古事記』には「夜麻《やま》」と書いてある箇所もあります。このやうに漢字の「音」を利用して書いておけば、後世の人にも正しく発音してもらへるでせう。しかし、前述の通り、この方法では文が長くなりすぎて読みにくく、意味の理解も難しくなります。

そこで、ある時には漢字の意味を利用して「山」と書き、ある時には「夜麻《やま》」と書く、そのやうに音訓を交へて書くことにした、右の『古事記』の序文の意味はかういふ方針の宣言なのです。

実際に『古事記』はどう書かれてゐるかといふと、先の一—2の反復になりますが、三つの方法で行はれました。一つは純粋な漢文で大陸の人々にも理解できる方法、次に漢文のやうではあるが語順等は日本語のいはば崩れた漢文、そして、漢字のもつ「音」を利用して漢字をかな文字のやうに使ったいはゆる万葉仮名の箇所。『古事記』はこの三つの書き方を混在させて書かれてゐるのです。

ですから、私たちが読まうとする時、その文や言葉が、以上の三種類のどの方法で書かれてゐるかが分らなければ、読むことはできませんでした。十八世紀後半、三十数年かけて本居宣長が全巻を読み解いたおかげで、漸く広く読まれるやうになりました。

ただ、歌謡は例外なく全部、漢字は表音文字として使はれてゐます。和歌の起源とされてきた須佐之男命の歌の上句「やくもたついづもやへがきつまごみに」は「夜久毛多都伊豆毛夜幣賀岐都麻碁微爾」と書かれてゐます。対外向に漢文で書かれた『日本書紀』でも、歌の表記だけは同じ方法です。音が大切な歌が異なる音で読まれないやうにしたのです。

このやうに、太安萬侶は、今日私たちが漢字を使ふときに適用してゐる音読みと訓読みといふ異なる原理を共存させた方法を、既に千三百年前に意識的に駆使して、『古事記』を文字に移したのです。

『古事記』を英訳したフィリッパイも、その表記について言及してゐます。

古代日本では漢字を大凡三つの方法で使ってゐた。この三つ全てが『古事記』に見出せる。純粋な漢文そして文字の意味とは絶縁して日本の音を表示させるために音標式に使用された万葉仮名と呼ばれる方法。記紀歌謡の表記はこの方法が貫かれてゐる。さらに三つ目は日本語に合はせた漢文体で、我々がラテン語の省略形のi. e.を英語で「that is」と訓んでゐるやうな方法だ。このやうな複雑な文体で書かれてゐる『古事記』を読む現代の読者は、漢字が単なる音かあるいは何らかの意味を語ってゐるのか等々を解読しなければならない。

三つの方法とは、まさに太安萬侶が自覚して利用した三種の漢字の利用方法です。漢字の音訓を利用することとは、今日の私たちは常識で、異様だと感じてゐませんが、この文字遣ひは現代世界にあっては極めて奇異で特殊な文化現象なのです。英語で「i.e.」があれば、ラテン語本来の「id est」と訓んでも英語風に「that is (to say)」と訓んでもよく、どちらでも意味は「すなはち」や「～である～」のラテン語の原義を示します。これはフィリッパイがあげた例ですが、また、「e.g.」はラテン語の「exempli gratia」で、その通りに発音しても「for example」とか「such as」などと理解して、その英語で訓んでも構はないのです。つまり「i.e.」も「e.g.」も古いラテン語と現代英語の二重の読み方があるといふことです。その他、この頃日本でも使はれる「via」や「vs」もこの類の言葉にあたるでせう。

しかし、日常的に活用してゐる文字の多重の読み方が、辞書に載る例は現在は日本語以外には無いと言ってよく、外国語の場合、右記のやうな極めて例外的な稀有な現象に過ぎません。音訓のあることの意義は、二―4日本語の漢字に音読みと訓読みがあることの意義、の節で再説します。

5　漢字仮名交り文への道を開いた太安萬侶の工夫

本章2で、既に大和言葉といふ固有の言語を持ってゐた日本人が、異文化社会の文字である漢字しか知らない情況で、古来の伝承を筆記するために、翻訳方式か万葉仮名の方法かの選択を迫られ、結局、一句の中に音字と訓字を交へ用ゐたりその一方だけで記したり、混在する方法を編み出して対応したことを述べました。

翻訳方式とは、「私は日本人です」と記す時に、「I am a Japanese.」と書く方法です。一方、太安萬侶が序文で訓字と言ったのは、異国の文字で「a Japanese」と書いても、「ニホンジン」と訓をあてる方法です。その方法を単語レベルに留まらず、「I am a Japanese」といふ文章にまで拡張させ、その文を「わたしはにほんじんです」と自国語で読んで意味を理解するといふ方法なのです。漢文訓読法を思ひ出して下さい。漢籍も自国語で声に出して読めば、意味がわかるので、日本人の漢籍読解の方法として定着したのです。ただ、その漢文表記は語順なども異国のままで、読んでゐる書物が異国の物だといふ意識は消えませんが、『古事記』は漢文の語順通りでなく、大和言葉に則って語を並べてゐるのです。

また、日本人は宣命体といふ、文字は異国産の漢字ですが、語順も国語のままで、右の例で言へば「I ha a Japanese desu」と書く方法を編み出し、祝詞や勅命を文字にする時に利用されるやうになりました。祝詞の一節を例示します。

高天原爾神留坐　皇親神漏岐神漏美乃命以弖　八百萬神等乎　神集集賜比、神議議賜弖
我皇御孫之命波　豊葦原乃水穂之国乎　安国止平久所知食止　事依奉岐

たかまのはらにかむつまります　すめらがむつかむろぎかむろみのみこともちて　やほよろづのかみたちを　かむつどへつどへたまひ　かむはかりにはかりたまひて　あがすめみまのみことは　とよあしはらのみづほのくにを　やすくにとたひらけくしろしめせとことよさしまつりき

これは太安萬侶の「一事の内に全く訓を以ちて録しぬ」の典型でありつつ、テニヲハで音も利用する等「交ぜて用ゐる」方法の展開と言へるでせう。かうした書記法は、やがて仮名の利用が広まるとともに、現在の漢字仮名交じりといふ異種の文字の併用といふ世界に稀なる表記へと発展しました。太安萬侶の「交用音訓」の智恵によって、日本の言葉は大陸の高度な文明に呑み込まれることなく、独自の世界を維持することができてきたのです。『古事記』はその道を開いた記録でもあるのです。

古代の日本列島の住民は、大和言葉といふ基盤を毀すことなく、その中に全く異質の外国語の文字である漢字を入れ込んで大和言葉を生かすといふ世界に稀な方法で漢字を採用したのです。原産地では原則として一つの文字に一つの音しかない漢字に異質な言語の音つまり和語の音を貼り合せ、一字に元来の音と和語の音とを共存させたのです。かうして、一つの文字に音読みと訓読みといふ複数の発音が辞書にも載る正式なよみ方となりました。漢字を使ってきた他の民族には存続してゐない工夫で漢字を国語の文字としたのです。音訓といふ日本式の文字の多重読みの工夫によって漢字を日本語に有益な文字とすることができたのです。その源流は千三百年前の『古事記』の撰録の工夫にあったのです。

二、異文化摂取・国語防衛の手本としての『古事記』

1　漢字の訓読みとは何か

一つの文字に多種多彩の音が結びついてゐるので、日本人はもちろん個々の漢字のその多種の読み方を学習した外国人も、文書で出会った漢字をどの音を選んで発音すればよいのか判断できない場合が生ずるやうになりました。大陸では問題とはならない問題です。いつ音読みをしていつ訓読みをすればよいのか、よく尋ねられますが、重箱読みや湯桶読みもあって、日本語に漢字の発音の仕方の規則があるとは思へず、概して一字で現れてゐる字は訓読みをする場合が多い、と私は答へるばかりでした。

「生」の漢字は、常用漢字音訓表には／いきる・いかす・いける・うまれる・うむ・おう・はえる・はやす・き・なま／セイ・ショウ／の音が示されてゐます。訓読みだけでも、い・う・お・は・き・なまの七種類の音が公認されてゐるといふわけです。雑多な印象ですが、生ひ立ち、芽生へ、髭が生える、生醤油、灘の生一本、生卵、生放送等々と用法をあげてみると、英語にすれば「live」あるいは「life」といふ共通の意味があることに気づきます。見えないものが見えるやうになって新鮮で活潑であれば、「生」の漢字で表示したのではないでせうか。

一つの漢字に近似の意味の様々な和語を結びつけてしまふ日本人は、漢字の「よみかた」は限定する必要はないと思ってゐて、一つの漢字に多彩の読み方があることを公認しても無原則だ、無秩序だなどの批判もなく、気にしてゐないに違ひありません。

『風土記』の成立を促したとされる「地名に嘉《よ》き漢字を当てよ」といふ中央政府の指示を受け、旧来の呼び名の音に良い意味の漢字が当てられ、漢字に当てられる音は益々増えたものと考へられます。「生」の字をもつ地名や人名は枚挙に遑《いとま》なく、「生」の字を日本人は二百通りに発音してゐると言ふ研究者もゐます。一部の例をあげますと、地名では、福生《ふっさ》・桃生《ものう》・生駒《いこま》・生野《いくの》・麻生《あさふ》・相生《あひおひ》・長生《ちょうせい》・桐生《きりふ》や壬生《みぶ》（京都府・四国の予讃線には壬生川《にふがは》駅《えき》がある）・日生《になせ》（岡山県）・越生《おごせ》（埼玉県）・生田《いくた》（神奈川県）・生石《おほいし》（兵庫県）・弥生《やよひ》（東京都）等々があります。人名では、羽生の同じ文字をもつ二人の有名人ははぶとはにゅう。その他に、生方《うぶかた》・生沼《おいぬま》・皆生《かいけ》・来生《きすぎ》・生川《なるかは》・新生《にひくら》などがあります。普通名詞では、平生《へいぜい》・芝生《しばふ》・生憎《あいにく》・生毛《うぶげ》・生業《なりはひ》《すぎはひ》・生絹《すずし》・生(丸)呑《まるのみ》・寄生木《やどりぎ》などもあります。

私たちは、文字を目で追ってゐる時に、どう発音するかは殆ど気にせずに、ひたすら意味を読み取ることに傾注し、文が理解できれば満足します。書かれた文書をそのやうに音に関係付けることなく読んでゐるのではないでせうか。

2　日本語の漢字は悪魔の文字

日本語は難しい、とくに漢字があるのでむづかしい、と言ふ人は今も少くありません。

この通念は、文明開化以来の日本人の固定観念となってゐました。しかし、音数も圧倒的に少く、同音異義語の溢れる日本語にとって、知り得て採り入れた文字が、音標文字でなく表意機能のある漢字であったのは幸運だったのです。

十六世紀以降に日本に来たキリスト教の宣教師は、漢字を「悪魔の文字」だと評してゐました。私は、その観念を今なほ西洋人から聞かされ、漢字が難解な文字だといふ神話は未に消えてゐないことを実感することがあります。それはまた近代日本の日本人自身の抱く思ひ込みともなりました。西洋諸国に追ひつくための文明開化を達成させるために、漢字を無くさうとする運動が絶えませんでした。

近代日本の郵便制度の確立に貢献した前島《まへじま》密《ひそか》（天保六年―大正八年〈一八三五―一九一九〉）は、教育の普及には国語は易しい文字でなければならないとして、表音文字の採用を主張し、慶応二年十二月、時の将軍徳川慶喜に「漢字御廃止之議」を建白してゐます。その中の一節には

実に少年の時間こそ事物の道理を講習するの最好時節なるに此形象文字の無益の古学

の為に之を費しその精神知識を鈍挫せしむる事返す返すも悲痛の至に存奉候

といふ主張が見られます。若者に漢字の学習の時間があれば物理や化学の時間に当てるべきだと考へてゐたのです。前島密は、明治五年七月、「学制御施行ニ先ダチ国字改良相成度卑見内申書」を岩倉右大臣と大木文部卿に提出し「西洋諸国ニ於ケル如ク、音符字ヲ専用シ新文法ヲ立ル」と自分の主張を重ねてゐました。

日本の独立の維持のための富国強兵の実現には音標文字の採用と漢字制限が必須だとする思潮の流れが大きくなって行きました。その背景には、僅か二十六文字しかない米国が日本よりも進んだ強大な文明国家を築いたことへの衝撃がありました。鹿鳴館時代の明治十八年に第一次伊藤内閣で文部大臣になった森有禮《ありのり》（弘化四年―明治二十二年〈一八四七―八九〉）が、米国在留中の明治五年、国語を英語に代へる主張を固めるべく、エール大学言語学教授ホイットニ（William Dwight Whitney）に書翰を送り、助言を求めたことは文明開化を目指した知識人の象徴的な行為として語られてゐます。しかし、ホイットニは、外国語を国語とすると、英語を知る人と知らない人との国民の分裂を招き、文化文明の発展は望めないと反対しました。建国してまだ百年ほどの米国人としてホイットニの脳裏には、一国の文化はその国語に依存することに鑑み、千年以上の文化の歴史ある日本の文化の断絶を心配する気持があったのです。

　敗戦直後、漢字の廃止へ進むために当座使用する漢字の目安を千八百五十字に制限した「当用漢字」は漢字廃止論の流れの先に生れた結果でした。

3　漢字は難しいか

　日本の文化とくにポップ・カルチャーと言はれるアニメなどが世界中で人気を博して、正式な機関の日本語学習者が四百万人に達しようとする今、日本語は難しいといふ先入観に囚はれてゐては、日本の文化に期待を寄せる人々に効果的な日本語教育の対応はできません。難しいと考へるなら、はっきりとその原因を特定し、それに対処することが大切です。学習者は、その難しいと言はれる要素にむしろ興味を示してゐます。

　漢字を悪魔の文字と考へた背景には、布教が頭打になった一つの原因に悪魔が難しい言葉を日本に植ゑ付けて宣教の邪魔をしてゐるからだとした宣教師の解釈もありましたが、漢字が時と場合で字体も音も自在に変り、一定の規則に収め切れない日本人の使ひ方が大きな要因でした。

漢字が難しいと言はれる要因を具体的にあげると、次の四点が浮びます。ⓐ数が多い、ⓑ書き方が複雑だ、ⓒ似てゐる形がある、ⓓ訓めない、発音できない、の四点です。現在の日本語学習者もこの四点の克服に努力してゐます。宣教師はとくにⓒとⓓに悩まされたことでせう。しかし、これらは本当に難しい原因なのでせうか。

まづ、ⓐ漢字は文字数が多い。英語の文字は二十六文字です。これに対して、漢字は最も大きな漢字辞典が見出し語としてゐる漢字は、五万数千ださうです。そこで、英語と日本語の文字数の対比は二十六対五万＋二種類のかな文字、といふことになり、日本語がいかにも厖大な印象です。

しかし、視点を代へてみてください。英語の文字を全部おぼえても、単語はいくつ理解できますか。例へば、ｂとｋとｏの三つのローマ字を憶えても、単語は一つも分りません。

その文字を正しく組合せて「book」としなければ、意味のある単語とはなりません。英語のアルファベット二十六文字を憶えても、単語は一語習得できたことになるだけです。「私」のIと「一つ」の意味のaだけです。これに対して、漢字を二十六字憶えたら、少くとも二十六の意味をもった単語を習得したことになります。つまり漢字は一つの文字自体が単語なのです。漢字は、表音文字に対して表意文字と言はれますが、文字より語だと考へるべきなのです。つまり、漢字は表語文字なのです。この事実に目を向けると、そもそも英語のアルファベットの数と比較する対象が間違ってゐる、二十六に比較して単純に漢字の数が多いとは言へないことに気づくでせう。このやうに説明して、日本語学習者に数の多さに不安を抱かないでほしいと助言してゐます。

ⓑ書き方が複雑だ、とⓒ似てゐる形がある、は厳しい現実で、難しいといふ評価を受け入れる他に解決策はなささうです。

ただ、国語教育で撥ねるか否かなど細部を厳格に指導して生徒の漢字嫌ひを招いてゐると指摘されますが、さうした細部には鷹揚であってよいのではないかと思ふのです。また、日本語学習で超速の進歩を遂げる人は漢字の難点を興味の対象として捉へた人が多く、そんな人々は漢字の篇と旁の体系が造る世界の整然とした意味体系に惹かれてゐて、難しいと言はれるところに未知の世界への憧れを抱いてゐます。さうした興味を喚起することによって、この難点は克服できるでせう。

漢字のもつ秩序立った意味を示す体系に惹かれた一人に、モンタージュ理論により近代映画の父と言はれたソ連（現ロシア）の映画監督エイゼンシュテイン（一八九八―一九四八）がゐました。日本語に精通するまでには至らなかったと思ひますが、彼は、日本語を学習して、偏と旁から成る漢字から部分と全体の関係や一つの文字が音訓といふ異なる顔をもつことに一つの現象が多様な面を示す世界を学んでゐました。そのノートは記念館で見ることができます。彼は「写楽が瞬間に捉へた真実を、我々は時間の経過の中で表現してゐるにすぎない」とも言ってゐます。断片によって全体を構成して表現する方法を漢字から、一瞬の表情の中に永遠の感情を描き出す方法を写楽の絵から学んでゐたのです。

漢字は難しくない、とは申しません。しかし、世界に稀な表語文字を、音訓といふ他にはない用法で国語としてゐる日本の文化は、他の文化では経験できない世界を見せてくれるのです。悪魔の文字は今や他の文化では得難い世界を見る目を獲得できる天使の文字になってゐるのです。

4　日本語の漢字に音読みと訓読みがあることの意義

漢字の訓読みとは、その漢字が示してゐる意味に近いあらゆる大和言葉を当てた読み方で、そのために、一つの漢字に多数の訓読みが生じました。訓読みは漢字の発音の仕方と言ふよりも意味が分る読み方なのです。

会話で音読みの言葉を使って意味の理解が共有できなかった経験は、一度ならずあると思ひます。その理由は音読み言葉には同音異義語が多いからです。その時、訓読みで言ひ直して意味が通じた経験は誰にもあることでせう。その言ひ換へが有効なのは、訓読みが意味の理解をもたらすからです。

金田一春彦氏は、日本語の発音について、

日本語の拍については、その種類が世界の言語の中できわ立って少ないという特色がある。……日本語の拍の種類はいくつあるか。……洋語などに用いられるものを除けば、筆者の勘定では、一一二だ。これでは英語の三〇〇分の一だ。

と、世界の言語の中で発音はかなり単純であることを指摘してゐます（『日本語新版（上）』岩波新書、昭和六十三年）。拍とは、三十一音の和歌を三十一文字と称するやうに、かな一文字が示す音と考へればよいのですが、金田一氏が「その言語を使 う人が一番小さい単位と認識している音を〈拍〉(syllable) という」と説明してゐるやうに、最小単位として認識してゐる音で、言語によって単位の認識は同一でなく、英語の「dog」や「book」は一拍で、日本人はそれを三拍で発音してしまひます。ともあれ、単語を構成する最小単位となる拍の数が英語の三百分の一と指摘されるほど日本語の発音は世界で稀有で単純なのです。

この日本語の音の少さが、日本語に同音異義語が多い宿命の原因なのです。日本人は脳裏に文字を描いて意味を確認しながら会話をしてゐる、と思ふことがよくあります。そうして同音異義語が多い難点を克服してゐるのです。

機会、機械、貴会、奇怪等々同音異義語の弁別と共に、一つの和語に異なる漢字を当てて細かな意味の差が示されてゐます。例へば、現在、常用漢字音訓表では見と診だけに「みる」が認められ、觀、視、看は常用漢字とされてもそれぞれ「カン、シ、カン」と一つの音読みがあるだけです。しかし、この三文字の「みる」は辞書に慣用として掲載されてゐます。「みる」として利用できる漢字を探すと、上記の漢字も含めて、閲、覧、督、瞰、省、相など二十以上の字に出会ひます。かうした漢字の利用により、「みる」といふ行為の相似を感じさせつつ、時と場合によって生じる意味の相違を明確にさせるやうになり、国語生活を豊かにしてきました。そして、漢字は日本語に不可欠な文字となりました。

『古事記』中下巻で「人民・公民・百姓」の三様で表記され、『日本書紀』で使はれた「人民・百姓・民・元々・黎元・衆庶・万民・億兆・黔首・民萌・民庶・戸口・居人・黎庶・萬族・人物・万民」の語が、全て「おほみたから」と読まれてゐます。このことは、大和言葉にはそれらの漢字の意味の相違を示す語がなく、人の相違を越えた国民としての共通性を見る語だけがあったので、同じ訓となったのかもしれません。なほ、「風俗」は

「おほみたからのありかた」といふ訓が与へられてゐます。

訓読みはさらに大きな役割を担ってゐます。社会言語学者鈴木孝夫氏は、『日本語と外国語』(岩波新書、平成二年)をはじめ様々な著書で、訓読みのお蔭で文明開化の時代に新しい文物が国民に素早く滲透した、と指摘して、漢字の訓読みの役割を詳細に説いてゐます。

例へば、「スイトウショウ」とかな書きでは、直に意味を特定できないでせう。しかし、水頭症と漢字なら「あたまにみづがあるびょうき」と訓読みして、大凡《おほよそ》何のことか分るのです。ガンカ「ganka」も同様です。「gan」を眼と心に描けば目(メ)で眼下や眼窩の可能性もありますが、カを科とすれば瞬時に眼科《がんか》だと分ります。「anthropology」(アンソロポロジー)といふ英語があります。ギリシャ語の「人間に関する」といふ意味の「anthropo」と「理論」の意味の「logs」が語源ですから、明治の日本人は「人類学」と訳しました。その漢字を見れば「人についての学問だ」ぐらゐは容易にわかるでせう。しかし、大学を出た英国人がその意味が理解できなかった場面に接した経験を鈴木氏は報告してゐます。日本人には日常であまり使はれない漢語も訓読みで理解への近道が拓かれてゐますが、英語はギリシャ起源で造られた語の意味の類推は容易ではなかったのです(『閉された言語・日本語の世界』新潮選書、昭和五十年)。

水を示す場合、英語では「water」の一語が万能ではありません。水頭症は「hydrocephalus」で、「hydro」水と頭部異常の名詞を作る接尾辞「cephalus」の合成語です。水の意味の語を造る要素に最近日本語のカタカナ語でもよく使はれる「aqua」もあります。この三つの綴り字が違ふ「aqua」と「water」と「hydro」に共通する意味を結ぶ手段はありません。一方、日本語の場合、常用漢字の赤、朱、紅に加へて丹、緋なども「あか」と慣用的に訓読みされて、意味の微妙な差を超えて「あか」といふ訓読みでそれらの近似性を示します。異なる音読みの漢字で意味の微妙な差を表現しながら、それらに共通する訓読みで意味の共通点を容易に感じさせてゐるのです。この日本語の漢字使用法の妙を感じ取ってください。

文明開化で新しい事物や観念は悉く漢語や漢字熟語の新造語に訳されて定着しました。電話もカタカナでは「テレフォン」か「テレホン」です。「phon」は音、「tele」は離の意味ですから、離音と直訳すれば、遠隔の人とする会話だとすぐ分ります。電話の場合は日本人は動力の電気に注目して電話としましたが、「telescope」は遠・離＋鏡ですから望遠鏡。かうして見たことがない物が漢字で示されても、その個々の漢字を訓読みすれば、大体何であるかが想像できるのです。漢字の訓読みがあるおかげで、新しい文明が国民に速やかに理解され、文明開化は国の隅々まで定着していきました。

現代中国は、新しい文物を、テレビは電視、コンピュータは電脳、ヴィタミンは維他命(wei ta ming)、可口可楽（コカコーラ）、病気のエイズは愛慈、車のベンツは奔馳などと表記します。音標文字がなく漢字でしか示すことができないからですが、電視や電脳や奔馳などは傑作だと思ふのです。カタカナよりも漢字の方が便利で有益だと感じませんか。

日本人は漢字の利点を生かして、文明開化を進めました。中国社会の近代化に不可欠な、社会・主義・共産主義・物質・革命・現象・概念・生産・供給・政策・場面・要素等々の単語は、起源は日本つまり和製で、現代中国で使はれてゐる借用語なのです。

現下の日本では、新しい事物の移入の際に、カタカナで処理するだけですが、カナには意味を喚起する漢字のもつ機能がありません。ですから、カタカナ語に接しても意味の理解に苦しみます。さらに、多くの日本人が英語だと思ってゐる和製英語の氾濫は、誤解を増幅させてゐます。来日間もない留学生にワンマンカーの意味を尋ねたところ、誰も理解できず、一人乗りの自転車やバイクの他に車椅子といふ卓抜な答もありました。バックミラーは背負った鏡かと質問されたこともあります。スキンシップを「skinship」と私たちが英語で綴ってゐても、英和辞典になく和英辞典にある言葉です。

三、漢字を国語化した日本人

『古事記』も『万葉集』も平安時代の初期には読めなくなってゐました。漢字だけで書かれてゐるからです。『万葉集』二九九一にかういふ例があります。

原文は「垂乳根之母我養蚕乃眉隠馬聲蜂音石花蜘蟵荒鹿異母二不相而」で「たらちねのははがかふこのまよごもりいぶせくもあるかいもにあはず（し）て」と訓《よ》まれてゐます。「母が飼ふ蚕《かひこ》が巣ごもりをするやうに私の心はふさがってゐる、妻に会へないから」といふ意味の歌です。この「いぶせくもあるか」は「馬聲蜂音石花蜘蟵荒鹿」と書かれてゐます。どうしてこれが「いぶせくもあるか」と発音できるのでせうか。馬は「イヒ〜ン」と鳴くので「馬声」が「い」。蜂の音は「ブンブン」ですから「馬聲（い）蜂音（ぶ）石花（せ）蜘蟵（くも）荒鹿（あるか）」なのです。書いた人が漢字を楽しみながら嬉々として使ってゐた様子が髣髴としませんか。たくましい異文化の消化吸収です。

『万葉集』には、同様な遊び心の例がたくさん出てきます。「重二」とか「二並」は「し」だと解読できました。二が重なるつまり「二二《にに》んが四《し》」だからです。また、三二四二番の歌の原文「百岐年三野之国之高北之八十一隣之宮尓日向尓……」は「ももきね美濃の国の高北のくくりの宮に日向ひに……」とよみ、傍線部はくくりのみやです。「八十一」は「九《く》九《く》」ですから。

以上の戯訓より熟字訓は漢字の意味との関連が明確です。例へば、ビールを麦酒、やけどを火傷と書くことを辞書で見つけると、日本語学習者は漢字の意味喚起機能を実感して歓喜します。

日本の律令体制で、今で言ふ「キャリア」でせうか、官吏の四等官は上位から「かみ」「すけ」「じょう」「さかん」と呼んでゐました。地位を言ふときは訓読みで同一音だったのですが、漢字で役所の別を示してゐました。漢字で役所の違ひを示してゐましたが、どの役所でもトップは「かみ」、次官は「すけ」と言ったのです。

官職（四等官）の呼名とその表示

位の名	長官	次官	判官	主典
音読	チョウカン	ジカン	（ハンガン・ホウガン）	シュテン
訓読	かみ	すけ	じょう	さかん
役所　及び　官職名字				
神祇官	伯	副	祐	史
各省	卿	輔	丞	録
五衛府	督	佐	尉	志
国司	守	介	掾	目

日本語とシナ語は文法も違ふ全く異質な言葉です。漢字の移入は、大和言葉とは全く異な言語の文字の導入でした。それは、人類の文明史の通例では、近隣の巨大文明国に呑み

込まれる「悲劇の例」となる状況でした。しかし、『万葉集』の時代には既に以上のやうな自由奔放に漢字を使ひこなして、漢字を産んだ人々とは異質の使ひ方を編み出して日本語に同化させ、やがて、そこから、仮名といふ音標文字を発明したのです。

説話集『宇治拾遺物語』には、日本人の漢字の使ひ方の特徴を示す逸話が見えます。巻三の一七、小野篁広才事の段は漢字の読み方をめぐる興味ある話です。

嵯峨天皇の御代（大同四年―弘仁十四年〈八〇九―八二三〉）に内裏に「無悪善」と書かれた札を立てた者がありました。天皇は小野篁に何が書いてあるのか「読め」と命じられましたが、篁は「畏れ多いから読みません」と応じません。何度も命じられ、結局「さがなくてよけむ、と読んで君を呪ふ言葉です」と答へました。「さが」とは性で「生れつき」が主な意味ですが、「欠点」の意味もあるので、「悪」を「さが」と読み、「嵯峨天皇は不要だ」となりました。すると天皇は「こんな芸当はお前以外に誰も出来ない」と仰って、「子子子子子子子子子子子子」と子の字を十二書かれ、「読めば赦す」と言はれました。篁が「猫の子の子猫、獅子の子の子獅子」と読んだところ、天皇は微笑なさって、何のおとがめもなくすみました。

これは、十三世紀初期の『宇治拾遺物語』の作者と読者が、平安初期の人々が子の文字を音はシ、訓はコとネで、自由に使ひこなしてゐた、と考へてゐたことも示してゐます。

日本人は、中華文明と日本が違ふことをはっきりと認識してゐて、大和言葉を残すことに苦心して、漢字を日本語化させ、やがて漢字かな交じりといふ独得の表記体系を造り上げたのです。我らが祖先は、漢字を自分のものとしたのです。異文化の文字である漢字の国語化によって、音が少く同音異義語に溢れる国語はその弱みを克服したのです。

教訓的な一言を加へますが、かうした日本の漢字導入の文明史の経緯から私は「人々は自らの宿命は、呪って破棄すべきではなく、その宿命の中に使命があると観ずる」ことの意義を学び、また、きらきらネームの猖獗は、漢字と音との繋がりが自由自在の利点の濫用で、長所と欠点は人の扱ひ次第でその意義を逆転することを教へられてゐます。

四、言葉と文化

私はドイツで子供に色を教へる絵本を買って、びっくりした経験があります。「赤い、赤いは〝トマト〟」は私にも自然でしたが、「青い、青いは〝リンゴ〟」とあり、「リンゴのようなほっぺ」の比喩は西洋では通用しないと知りました。さらに「黄色、黄色は〝太陽〟」でした。これでは、太陽と赤の連想が身につかず、ましてや「太陽が黄色く見える」の日本語独得の慣用表現の含意も知り得ないと思って、日本人に育てたい子供には有害無益な絵本だと思ひました。これは文化の違ひです。西洋世界では子供に太陽を描かせると黄色です。そんな日本人に出会ふこともあり、その殆どの人は「白地に赤く日の丸染めてああ美しや日本の旗は」といふ歌を知らずに、太陽と赤との連想することがなかったのです。

語感の相違、文化の断絶はかうした無意識の言葉遣ひの相違から定着してしまひます。

日本語の色を示す形容詞は、白、黒、青、赤の四語だけだったことは本書の第Ⅰ部とⅡ部で触れました。学生と次のやうな会話をすることがよくありました。

「日本の信号の進めは何色と言ふ」『青』「本当に青？」『いいえ、色は緑』「ぢゃあ、青と言ふのは間違ひ？」『でも、青になった、行きませう、と言ひます』

かうして、緑色を青と呼んでゐる現実の認識を促すことがあり、日本人が青と呼んでゐる事例を挙げて、解決のヒントを示すことがありました。青蛙・青汁・青海苔・青竹・青葉・青菜・青物・青銅などです。皆、色は緑です。青信号は英国では「green」です。ですから「green」を青と訳すのが正しい場合があるのです。これが翻訳の難しさ、異文化理解のむづかしさであり面白さでもあります。

日本では昔は緑は木々の新鮮さを言って、色の名前ではなかったやうです。色は青が緑も包括してゐたので、青葉若葉と言って新緑が思ひ出されるのです。さういふ言葉の来歴、歴史的根拠があって、緑色も「青」と呼んでゐるのには根拠があるのです。言葉にはそれぞれ来歴があり、使用してゐる民族が背負ってきた歴史を担ってゐるのです。

鈴木孝夫氏は、フランス語が蝶と蛾を区別しないことを『日本語と外国語』でラルース百科事典のカラー写真を口絵に載せて説明し、虹の色を肉眼で見えなくても「七色」と言ふやうに決ってゐることなどを例に、言語と現象の把握の文化による相違を論じてゐます。「虹は三色」と言ふと変だと思はれてしまふでせう。言葉は「昔から言ってゐる」事実は決定的なのです。

日本語は水、氷、湯と異なる語が用意され、いはば三分類ですが、言語によって、その区分は様々です。水／固い水・石の水／熱い水、と形容詞を付けて水の状態の差で示す言語が多いのですが、日本語では「熱い水」とも「固い水」とも言ひません。日本語は、湯は水でなく水は湯でないのです。両者はそれぞれ異質なものと捉へられてゐます。水と湯の差は、科学的に見た「H_2O」といふ一つの物質を、温度差や固体、液体といふ見える状態によって区別した違ひではないのです。ですから、お茶のために用意するのは「水」でも「熱い水」でもなく「湯」なのです。

日本語を母語とする人々にとって、水は冷や涼を連想させる「冷たいもの」で、熱を加へられて熱くなった水は湯であって、最早、水ではないのです。日常生活で水と湯とを区別する決まった温度の基準があるとは思へません。水は冷たいといふ語感が固定してゐて、水と湯の区別はその用途によって決められてゐる、と言へるのです。なほ、英国では、紅茶のために用意する湯を「hot」をつけずに、単に「water」とだけ言ふこともあります。

タイ語には元々イカとタコは、「ปลาหมึก plaa・muk」つまり魚＋墨といふ熟語の言葉だけしかなく、区別されてゐませんでした。食べる習慣ができて、タコに鬼といふ語を付けて区別するやうになりました。

言葉は、世界にあるものを説明する道具と言ふよりも、人が世界をどのやうに見るかの窓枠となってゐるのです。そして、その窓の形は文化と言語によって様々なのです。

以上、語彙についてだけ例をあげましたが、言葉は、世界を記述し説明してゐるだけでなく、それぞれの言語のもつ独得の世界の見方によって、客観的な自然界を異なる姿に感じさせてゐるのです。言語が文化の鏡だと言はれる所以です。

言葉には現実創出、雰囲気の喚起といふ創化力があり、私たちは、言葉を身につけることによって、「世界をどう見るか」といふ見方を身に付けます。

ですから、言葉は「嘘」をつく道具とすることもできるのです。

むすび

『古事記』撰録の文化史的意義を語った言葉として次の指摘を紹介します。

日本において、最も危ない中国化の熱の高まっていたのは、飛鳥時代の前後を通じてのことではなかろうか。／漢字を借りて『古事記』をしるし、万葉仮名で、万葉集の歌をしるした時、訓読という橋を渡ってみて、われらの祖先は彼我の言語構造を隔てる断絶が、はっきりしてきたことを知って驚いたにちがいない。そこで、和訓の発明をして漢字の形は保持しながら、実質的には日本文字と化した。他国の文字をして日本文字化するという離れ業を行って日本文化を守ってくれたのである。／この傾向については小林秀雄の『本居宣長』に詳しい。また折口信夫は「支那模倣も、よい側から見れば新しい国家意識を叩き覚ますための、内国へ対しての示威ともなっていた」としるした（栢木喜一『わが萬葉集への道』北羊館、平成十五年）。

小林秀雄氏が『本居宣長』で説いた主張を掲げて、第Ⅱ部の結びと致します。

○日本語に関する、日本人の最初の反省が「古事記」を書かせた。日本の歴史は、外国文明の模倣によつて始まつたのではない、模倣の意味を問ひ、その答へを見附けたところに始まつた。「古事記」はそれを証してゐる。
○漢字の渡来以来……（訓読とは）外国語の特殊な学習法であり、当時の知識人は、この、極めて知的な手段による新知識の獲得に、多忙であつた。これにかまけてゐたから、訓読といふ橋を渡つてみて、はじめて、彼我の言語構造を隔てる断絶が、はつきりして来たといふ裏面の経験は、容易に意識に上らなかつた。その代り、この不安が一たん意識されると、自国の言葉の伝統的な姿が鋭く目覚めたに違ひなく、この意識が、天武天皇の修史の着想の中核をなすものであつた。……この尖鋭な国語意識が、世上に行はれ、俗耳にも親しい、古くからの言伝へと出会ひ、これと共鳴するといふ事がなかつたならば、「古事記」の撰録は行はれはしなかつた。そして、このやうな事件は、其の後、もう二度と起りはしなかつたのである。

第Ⅲ部

大嘗祭の歴史的社会的意義

はじめに

大嘗祭の斎行といふ得難い機会を迎へる時、祭祀の専門家でもない私が大嘗祭の歴史的社会的意義について、祭りや儀式とくに大嘗祭の重要性そしてそこに象徴される日本といふ国の社会と文化について学び得たことを披露する場を得ました。

その時、吉田松陰が安政三年に久坂玄瑞の文を評した「事を論ずるにはまさに己の地、己の身より見を起すべし、すなはち着実となす」といふ言葉が浮んできました。そして、足かけ十年外国生活をし、その後も屢々異文化の国々を探訪し、日本を外から見る癖がついてゐる自身に気付き、外からの視点つまり内容そのものではなく外から大嘗祭の重儀の意義を考へ、そこに象徴される日本といふ国の文化を考へることが自分自身の着実な見解となると思ひました。外からの考察とは、外からの視点つまり内容そのものではなく外から大嘗祭の重要性を理解するといふことで、本論はさうした立場からの考察です。

一、大嘗祭の意義を考へる視点

1　御即位になったのはいつか

今上陛下には、令和元年五月一日に剣璽等承継の儀に続く即位後朝見の儀を終へ、令和元年十月二十二日の即位礼正殿の儀によって内外の社会に即位の事実を宣明され、即位なされました。

その大礼の日、私は、ポーランドにゐました。御即位の様子は、同国内のテレビで主なニュースの一齣として放映され、皇居前広場の国民の映像もありました。雨に打たれながらも集ふ場面が強い印象として心に残ってをりました。帰国後、「雨だったね」と人に語ると、儀式の山場で晴れて、虹が立ったこと等々を知らされ、驚きつつも、天皇をめぐるさうした不可思議な出来事は、他にも見聞も体験もしてゐたので、嬉しさも昂りました。

帰国したのは大礼の二週間ほど後の日で、大嘗祭の準備が始まってゐました。すでに即位されてをられるはずなのに、なぜ改めて即位のための儀式、しかも、重儀とされてそれまで以上に手間がかかる大嘗祭を行ふのか、といふ素朴な疑問の解答を考へることで、大嘗祭の意義が見えてくるのではないか、と思ひつつ本稿をまとめました。

2　祭りを構成する二面性

例へば、京都の祇園祭の場合、祭りのハイライトは山鉾巡行だと思ってゐる人が多いと思ひます。確かに山鉾巡行は祭りで一番目立つ場面ですが、しかし、祇園祭と言はれてゐる一箇月も続く一連の行事は、八坂神社の祭礼行事なのです。そのことを意識する人はあまりゐないのではないでせうか。山鉾の順番を決める籤引が、市庁舎で市長を中心に行はれてゐますが、町全体のお祭りになってゐるからでせうか、大嘗祭はじめ宮中祭祀では問題にする人がゐる政教分離の議論は聞きません。

何はともあれ、祇園祭は八坂神社の祭りであることがその本質なのです。

祭りと言へば、屋台の賑ひや羽目を外した大騒ぎが連想され、神輿や夜店などを楽しんだ思出が蘇ってくることでせう。そんな非日常的な時間空間の中で、祭りに集ふ人々は、意識せずとも人と人との連帯と社会との一体感を感じてゐます。皆さんにもそんな経験があらうかと思ひます。それは、祭りに社会的連帯強化の性格があるからです。人々が、祭りのそんな社会的役割を感じてゐる時、実は目立たないところで厳粛に神前での儀礼が斎行されてゐて、祭りの賑ひは余興であることを知ってほしいものです。

ハロウィンで、なぜオバケが出てくるのでせうか。また、なぜあの日なのでせうか。最近、ある大学で受講生百人ぐらゐに聞きました。冬に向ふので景気付けだと言った学生がゐました。ある意味で祭りの役割の一端を言ひ当ててゐる答へです。疫病退散などの夏祭りの起源を知ってゐたのでせうか。でも、正解ではありません。結局、学生の誰も知りませんでした。行事の由緒は何であれ、若者はとにかく騒ぎたいやうです。

十一月一日は、カトリックの世界では万聖節あるいは万霊節といふ厳粛な祭日で、人々がお墓参りをする日です。死者と会ふ日が、米国などの国々では死者が出てきた姿として人がオバケに仮装するお祭り騒ぎをするハロウィンとして発展しました。日本のお盆に近いと考へれば、その日の意味が想像できるでせう。

物事にはすべて由来や根拠があり、お祭りも人間の都合だけでその日が決まったのではなく、自然界の動きを根拠としたそれなりに理由があって初めて人々が受け入れて定着します。その受け入れ方は地域と文化によって様々です。米国ではハロウィンの夜、子供たちが「お菓子をくれなければ悪戯《いたづら》するよ」といふ意味のトリック・オア・トリートと言って家々を回る楽しいお祭りになってゐます。

私は、その日にポーランドにゐて、昔は見なかったハロウィン流のオバケの姿をする若者の集団が街を歩いてゐてびっくりしました。この国もアメリカの真似をして騒ぎたがってゐると嘆く年配の人もゐました。人々が集って大騒ぎをするお祭りは、洋の東西どこの人々にとっても同じやうに、人々を昂揚させて、消えることはないのではないか、と感じました。

しかし、伝統的な祭りでは、さうした見える賑やかな場面だけでなく、人知れず聖なる施設の中で、厳粛な儀式が行はれてゐるのです。祭りは厳粛な儀式とお祭り騒ぎといふ二面性を備へて初めて完成されるのではないか、と思ふのです。

3　橘曙覧《たちばなのあけみ》が経験した祭り

祭りがさういふ構成になってゐることを歌に詠んで見事に示した人がゐます。越前の幕末の勤皇歌人で国学者　橘曙覧《たちばなのあけみ》が、歌集「松籟艸《まつあらしぐさ》」に「神まつり」と題して鎮守の祭りを詠んだ三首の連作和歌を残してゐます。

潔《いさぎよ》やさかきの青葉すがむしろ木綿《ゆふ》しでなびく神の広前
里人の群《むらが》りつどふ神やしろうちひゞかする鼓《つづみ》いさまし
海山の物をつくしておふなおふな御饗《みあへ》奉《まつ》らむ千座《ちくらい》五百座《ほくら》

最初の歌は祭りの用意がなされた神社の様子が詠まれてゐます。「さかき」は榊で、記紀神話で天照大御神の天岩戸からの出現を祈願する祭場の装飾に見え、『古事記』には「真賢木」と書かれてゐます。「すがむしろ」は菅で編んだ筵《むしろ》、神職が坐る所。「しで」は四手や四垂と書き、注連縄などに垂れてゐる白い紙です。

次の歌は「群り集ふ」ですから、人々が集ひ喜んでゐる賑やかな景色です。「うちひゞかする」と太鼓を打ってゐる人の姿が浮かんできて、「いさまし」と結ばれた調べに、社《やしろ》の外の祭りの賑ひが目に浮びます。

三首目の「おふなおふな」は「余念なく一心に」「全身全霊で」の意で、この一首は、神様に感謝して山海の珍味を心をこめて捧げてゐる光景です。「千座五百座」は山積みにされた供物の意味があり、祝詞の常套句を思ひ出させるめでたい表現で、神事が真摯に斎行されてゐることが、言葉の響から伝って来ます。

この連作和歌には、祭りは、神事が本質で、それに人々の賑ひが伴って完結するといふ、私が今言ひたいことが見事に詠まれてゐました。

皆さんの地元の季節祭りも、神職ではない人々にとっては、神輿や夜店などを楽しんだなつかしい思出として記憶されてゐることでせう。でも、祭りの日には神殿で、神を祭る儀礼が厳かに人知れずに斎行されてゐるのです。伝統的な祭りには必ず以上の表裏の関係の二つの要素があることが注目されてくるのです。

今、私の住んでゐる地域で、心ある人が子供たちのために自分で神輿を作って盛り上げてくれてゐるのですが、何となく物足りなさが心に残るのです。それは、神主さんが来て、神輿を清めるとか、さういふ引き締った行事がないからではないかと思ってゐます。

お祭りは、生きてゐる私たち世代の間の連帯を確認する賑ひ、そして生死を越えた時間を貫く祖先とその伝統との絆を再認識する聖なる行事、この両面を強化する重要な機会なのです。

二、祭りと現代社会

1　祭りや儀式を否定した近代世界

文明開化の明治時代初期、日本では祭りや儀式はどのやうに理解されてゐたのでせうか。明治の文明開化の時代、日本は未開宗教の国だと思はれてゐました。本書第Ⅰ部で『古事記』の英訳者の一人として紹介した新渡戸稲造は、さうした西洋人の日本の宗教観に直面したことがありました。三十八歳の一八九九年（明治三十二年）に「BUSHIDO – The Soul of Japan」を英語で書く動因となったその思出を、同書の序文の冒頭に書いてゐます。

約十年前、私はベルギーの法学大家故ド・ラヴレー氏の款待を受けその許で数日を過したが、或る日の散歩の際、私共の話題が宗教の話題に向いた。「あなたのお国の学校には宗教教育はない、と仰しやるのですか」と、この尊敬すべき教授が質問した。「有りません」と私が答へるや否や、彼は打驚いて突然歩を停め、「宗教なし！　どうして道徳教育を授けるのですか」と、繰返し言ったその声を私は容易に忘れ得ない

（矢内原忠雄訳、岩波文庫、昭和十三年）。

「日本には宗教教育がない」と西洋の知識人に新渡戸が言ったところ、「宗教教育がないなら道徳もない」と言はれたのです。だが、新渡戸は、日本そして自分自身に道徳がないとは思へなかった。そして、自分たちにはどんな道徳心があるのかと悩んだ、といふのがこの思出でせう。そして、「自分には武士道がある」、それが近世日本の道徳だ、といふ解答を見つけたのでした。

その武士道とは何か。神道と言はれる日本人の古代からの信仰と仏教と儒教、それらを合せて武士道を自分の父祖はつくり上げた。自分はその道徳を身につけて育ったのだ、と

主張してゐるのがその本です。

この逸話から、教へを説かない、教義をもってゐなければ宗教ではない、といふ近代世界の宗教観が窺へ、日本には宗教そして道徳がない、信仰があっても未開段階だと当時の西洋人に思はれてゐた事実がわかります。神道に生きる私としては、その宗教観こそ問題にしたいので、かうした観念が『古事記』の英訳者チェンバレンにも根強くあったことを本書第Ⅰ部で縷々説明しました。

合理性を追究する人間理性信仰の近代化の思潮の中に育った私たちは、何事にもその存在理由を問題にして、説明できないと納得しません。物事の意味、自分の行動の意味も考へずに、伝へられたままを繰返すのは未開人だと評価するのが、文明開化の考へ方でした。そこで「儀式は無意味で、儀式だけの神道は未開の宗教だ」といふ評価が十九世紀の西洋人に共有されたのでせう。

幕末に西洋列強諸国と結んだ不平等条約を改正するために、日本は、西洋文明と同等になれば、その改正も達成できると考へ、自分たちも西洋人と同じであると見せようとして、鹿鳴館を作るなど、西洋化、近代化に邁進しました。その結果、三十年ほどかかって条約改正は実現できました。新渡戸の努力は条約改正のためではありませんでしたが、日本が文明国であって未開ではないのだとの弁明は、自己を西洋の価値基準でも認定されるやうにするといふ動機は同じだったと言へるでせう。

意味も考へずに昔の手振りを踏襲する姿勢は未熟だと否定する考へ方の典型は、宗教改革の旗手マルティン・ルター（一四八三－一五四六）に見られます。彼は、カトリックが重視する儀式は無意味だと、激しい言葉を一五二〇年に述べてゐます（石原謙訳『キリスト者の自由・聖書への序言』岩波文庫・昭和三十年）。

教会や神聖な霊域に詣でたとしても無用であり、神聖な行事にあずかっても役にたたないし、身体だけで祈願し断食し巡礼に加わり、更にまた身体をもってまた身体において行われ得るような善行をことごとく完うしたところで、すべて無益である。

日本の場合で言へば、深山幽谷での修行も滝行も断食も、そして季節毎の祭りや習慣的な風習など悉く意味はなく、すべて無益だと言ふのです。

真の宗教とは、何をすべきで何をしてはいけないといふ道徳箇条を身につけるもので、高等宗教であるキリスト教はそれを教へる。人は、自分で聖書を読んでそれを学んだ上で、その教への道徳を遵守しなければならない、といふのがルターの主張でした。そして、カトリックは儀式ばかりやってゐて、司祭が信徒に対して生殺与奪の権をもってゐる、といふプロテスタントの批判がカトリックに対する反抗として有益になってゐました。

かういふ思想が日本の宗教とくに神道に対する十九世紀から最近までの西洋人の見方を支配してきたのです。同様の立場の日本人自身の表明に、昭和二十七年（一九五三）に翻訳出版された米国の心理学者オルポートの『個人と宗教』(原谷達夫訳、岩波現代叢書）に寄せた心理学者今田惠氏の言葉があります。そこで同氏は、

日本は科学的知識や技術において或る程度進んでいるが、宗教だけは全く原始形態を保存し、しかもそれが国民の日常生活に相当強い支配力をもっている。これを脱しなければ、日本の情神的発達は望みがたい。

と言ひ切ってゐます。この「原始形態」とは、個人の内面を認めずに原始的集団志向の中

に包み込んでしまふ文化形態を言ひ、それを脱しなければ「精神的発展は望みがたい」と言ふのです。言ふところの「原始形態」が集団・社会を安定させる機能をもってゐるわが国の民間信仰そして広い意味での神道的な宗教現象を想定してゐることは明らかです。

2　国家と祭り

儀式とくに国家の儀式は無意味なのでせうか。国にとって祭りはどんな意義があるのでせうか。

どんな国でも国民に一定の共通の認識や意識がなければ、国は成立しません。共通意識がないと対立ばかりが生じて、分裂せざるを得ないからです。国が実施する儀式や祭りは、その国の歴史的由来と国民との繋りを確認させ、国民の一体感を強化する役割を果します。従って、実施される祭りは、その国が依拠する共通意識、国民の連帯を強化する理想が反映してゐて、その国のあり方、国柄を理解する機会を提供します。

私は、共産党支配下のポーランドに一九七四年から二年間滞在しましたが、メーデーの日にナチスのシンボルであるハーケンクロイツ（鉤十字）の書かれた幟《のぼり》が街頭に出現して、驚いた思出は消えません。しかし、よく見ると、共産党員がそれを破ったり踏み潰したりしてゐる絵だったのです。ナチスの鉤十字とは反対方向の仏教の卍（万字）すら誤解されて禁止される社会で、当時の政府が、共産党員がナチスを追放したのだから、同党が国を統治してゐる理由があると、国民に知らしめようとしたために、ナチスの標が見られたのです。メーデーといふ祭日の賑ひは、共産党が国を支配する根拠を示す機会でした。

いはゆる旧東欧社会は、一九八九年以降に共産党の一党独裁体制が倒れ、社会がどうなるかわからず混乱してゐました。一九七八年から四年間、チャウシェスク治下のルーマニアに過した経験のある私は、時々、その現状と未来について尋ねられることがありました。ベルリンの壁がなくなることなど想像もできなかった私には、その行く末の推測など仕様がありませんでしたが、その時、国を成り立たせてゐる基盤、共通理念の有無が将来を見通す判断の基準だと気付きました。

ポーランドは、西暦九〇六年に、時の国王が洗礼を受けたことを「国の洗礼」と表現して、国王がカトリックになった時が国の起源だと考へる人もゐるほどカトリック信仰の強固な強い基盤があるので、あれこれ混乱があっても、共通の何かがあるから壊れないだらうと思ってゐました。一方、ルーマニアは、返答に困りました。なぜなら、ルーマニアをルーマニアたらしめてゐるのは何か、見えてゐなかったからです。

ルーマニア社会主義人民共和国は、共和国を標榜してゐながら、独裁者が王制の如く国家元首の地位を子息に世襲させようとしてゐたので、「Communist Kingdom」(共産王国・共産主義者の王国）と揶揄《やゆ》する言葉をＢＢＣ（英国放送協会）の国際放送で耳にしたことがあります。「Communist」(共産主義者）と「Kingdom」(王国）の連語は、「黒い白馬」「辛い甘味」等の形容矛盾なので、揶揄の表現となるのです。この表現に接し、私は直に朝鮮民主主義人民共和国を連想し、その表現は、国家元首が世襲だから共和国と名乗れないといふだけでなく、共和国と称するにも値しない独裁の批判だとも感じられました。

ルーマニアでは、先の大戦後に国家元首だった王が追放され、その半世紀ほど後の一九八九年、共産党支配が崩れた民主革命の後、国の統一の要として異国で亡命中の王を復帰させようと運動する人もありました。しかし、殆ど影響力がなかったのは、伝統的な文化を担って維持し、国の統一原理を代表できる王家ではなかったからだと推測されます。国を代表して君臨する人が、国の伝統文化との結びつきがあるかないかは決定的です。

3　祭りと王制——国家元首の専制を抑制する儀礼

国家が理想を明確に打ち出してゐるときは、誰の目にもはっきりと見える形で儀礼・祝祭が行はれます。特に、新しい支配者にとって祝祭の実行は、人々の心をまとめる有効な機会を提供しますから、祭りが支配者に巧みに利用される場合もあるのです。

しかし、それは、私が縷々述べてゐる祭りの祝祭といふ賑ひの面の本性の濫用であって、そこには聖なる儀礼はありません。祭りは、もう一つの要素の神聖な儀礼がなくては完全でなく、永続することはないのです。独裁国家の元首そして世俗の国王には祝祭を支へる儀礼がありません。

聖なる儀礼は、祖型の反復で、勝手な改変を許さず、伝統的に正しい手順を踏んで斎行しなければなりません。それを遵守して儀礼を厳修する新しい統治者には支配者が祭りを利用するやうな勝手気儘は許されなくなるのです。なぜなら、伝統的な儀礼の示す国家理想は、新しい統治者の恣意を認めるものではなく、反対に、その統治者に遠い国家創始の時の理想の保持者としての大任を負はせ、統治者に常に国家創始の時の理想といふ自己を越えたものを意識させるからです。つまり、新しい王は、即位式といふ儀礼を経ることによって、儀礼の斎行が統治者に重い責任を自覚させる役割が発揮され、独裁者へと奔《はし》ることが制禦されるのです。その時、伝統的に正しいことを保証するためには、宗教性が関ってきます。建国時の社会的宗教であるキリスト教が深く関与してゐるアメリカの大統領の就任式にそのことは典型的に現れてゐます。

わが国の場合、即位儀礼の斎行を通じて、新天皇は祖宗を追想されることによって歴代に受け継がれてきた国家創始の理想を身に体され、その理想の志を継受した証を示されるのです。このことが最も明瞭になるのが、わが国にあっては、古代から国家の最重要儀礼とされてきた大嘗祭なのです。

4　君主国と共和国

王政と共和制との差はどこにあるのでせうか。

「Monarchs, Rulers, Dynasties and Kingdoms of the World」(R. F. Tapsell 編著「世界の君主・統治者・王朝・王国」Thames & Hudson, London, 一九八三）といふ王朝一覧のやうな本を読んだことがあります。西暦紀元前三千年以来の人類の歴史に出現した数千の王朝に言及したと標榜した大著で、日本の項には、天皇家の系図の他に何と「SHOGUN DYNASTY」(将軍王朝）として武家政権の将軍の系図が附記されてゐて驚きました。編者は、世襲されて任期が限定されてゐない統治者であれば、「DYNASTY」(王朝）として視野に入れてゐたのではないかと疑問をもちました。同書は二百五十ほどの王国の系譜を載せてゐますが、世襲の将軍家はその欄外に扱はれてゐるとはいへ、英国人の編者の目には、世襲で政権を執つてゐた足利家や徳川家は世界の他の地域の王朝にも比すべき存在と映つてゐたのだらうか、と奇妙な気分にさせられました。

古今東西、幾多の王国は、王がその国の文化と伝統の担手であることよりも権力統治つまりここで縷々述べてゐる社会的正当性の面が第一に考へられてゐました。しかし、それだけでは、国を安定させるための王の機能は十分に働きません。王が国の伝統と文化を継承した正統な存在でなければ、王はその役割を十全に果せません。

第二次世界大戦後、多くの王国で王が追放されて共和国となりましたが、その殆どが即位の際に宗教性を伴った伝統的な宗的儀礼が重視されてゐたとは言へない国々でした。現在、世界には王政を敷く国々が二十有余ありますが、即位に関して伝統的な宗教儀礼があって、それが中心的な意味を担ってゐるのはタイ王国や連合王国の英国が思ひ出される程度で、その他の伝統的な儀礼が即位式の根幹にない王国は、「専制君主」の国かあるひは日本のジャーナリズムでしばしば「開かれた王室」の国として喧伝される国であることを思ひ合せてください。

政治的対立を止揚して国の安定をもたらす役割といふ君主国の王の役割は、王が社会的に認知されてゐるだけでも一時的には達成できるでせう。しかし、王が社会の独自の文化を代表し、国のアイデンティティの要となってゐなければ、その役割が永続的に安定して発揮される保証はありません。

時を超えた人々と文化の繋りである伝統は血統そして儀礼によって正統性が得られるのです。しかも、伝統は、歴史といふ時の経過つまり人間の世代を超越して生きてきた文化事象です。世代といふ生死を超えた繋りですから、目に見えない世界が想定され、ましてや大嘗祭は神話の再現なのですから、宗教性がその本質を為してゐるのです。

王制の役割、利点はどこにあるのか、異国の例を鏡として考へてみませう。

三、王制の利点を生かす宗教的儀礼

1　王制が機能してきたタイ王国

二十世紀後半以降は、人間社会の儀式の重要性の再認識と共に、王制が担ふ社会の安定装置としての役割が見直されてゐます。『世界王室最新マップ』(時事通信社編、新潮ＯＨ!文庫、平成十三年再刊)の名越健郎氏による序文の一節は、その事情を見事に説明してゐます。

二十世紀を席巻した社会主義的進歩思想の下で、王室・皇室は前近代的かつ時代遅れとみなされたのだ。／しかし、社会主義思想が無残な敗北に終わった今、イデオロギーの呪縛から離れて君主制の功罪を客観的に見直す必要があるのではなかろうか。実は、二十世紀の悲劇と狂気は、君主制の廃止と密接に絡んでいるケースが多いのである。／第一次世界大戦でドイツの王制が廃止された後、ワイマール共和国を経て台頭したのは、ヒトラー率いるナチズムの狂気だった。／ロシアで、数百年に及んだ帝政の解体の後に起きたのは、二千万人の犠牲者を出したスターリンの大粛正だった。／カンボジアでも、古代アンコール王朝の流れを汲むシアヌーク国王が追放された後に、ポル・ポト政権による数百万人の大虐殺が発生した。／アフガニスタンが、米同時多発テロを実行したとされるイスラム原理主義テロリストの聖域となった契機も、一九七三年の王制廃止クーデターにさかのぼる。……／文芸評論家の故村松《むらまつ》剛《たけし》氏は、「数世紀にわたる君主制の廃止はしばしば、国民の精神のバランスを崩し、狂気を生む」と指摘したが、王室・皇室が政治に与える精神的安定感も無視できない。王制を廃止し、人類進歩の先頭に立ったと宣言した十八世紀のフランス革命が、直後にナポレオン独裁を招いたように、王制廃止は政治的抑圧につながることが多いのだ。／アジアでは戦後、王室を廃止し、社会主義を選択したインドシナ三国が戦乱と貧困に苦しんだのに対し、隣国タイは英名君主・プミポン国王の下、東南アジアの最優等生に浮上した。タイの発展を羨望するカンボジアは、世界でも異例の王政復古を実現した。／いかに近代化が進んでも、政治には必ず「祭政一致」という精神的要素がつきまとう。現在、世界で百三十〜百四十カ国という大部分の国が共和制を敷いているが、大統領などの国家元首は、生臭い日々の施政とともに、高い道徳性を求められている。

二十世紀初頭は、地球上の九割ほどの人口が王制下にあったと言はれます。そんなに多いのは、大英帝国がそのほとんどを占めてゐたからでせうが、戦後、次々に王国がなくなりました。

右に名越氏が「王政復古を実現した」と述べたカンボジアは、一九六〇年代にフランスに留学中に共産主義を学び、故国に帰って、シハヌーク殿下を抱き込んで支配権を得たポル・ポトが、社会に対する現実感覚が皆無で、労働者農民共同体の共産社会の実現のためには資産と知識ある人々は無用だと殺戮し続けました。私には外国語が堪能な友人がゐましたが、殺されたらしいのです。その後、無政府状態となって国連の暫定統治国となってしまひましたが、その後に王政復古となりました。しかし、共産党員だったフンセン大統領が中国の支援で半世紀近く現在も支配を続け、強圧政治を続けてゐて、カンボジアが王国であることを知る人は稀になってきてゐます。ただ、国民には王国でなければ国は纏まらないといふ意識が消えない模様で、伝統が続いてゐるのがせめてもの救ひです。カンボジア王は、タイの即位式の雛型とも言へる儀式を残してゐて、それによって、九世紀の栄光のクメール王国の誇りを辛うじて維持してゐるのが現状です。

政権を執ってゐる人が世襲をするかしないかだけが王制かどうかを決める基準ではありません。人民共和国を標榜する王朝「Communisit Kingdom」は今もあり、選挙で選ばれたとする専制君主もあちこちにゐるのですから。重要なのは王制の内実です。権力を奪ひ取り、それを世襲させる王か、伝統に基づいて即位した王かによって大きな違ひが出てきます。

現在、伝統的な文化を担ってゐる王家の典型としてタイとイギリスをあげるのが適当かと思ひます。タイ王国を例にとって、政治といふ闘争の世界から超越して、国の伝統文化の担手である王が国の安定を担ふ役割について考へたいと思ひます。

2　タイ王国と王統

タイは二十年ほど前からは激しい政治的対立があり、仏暦二五五九年（二〇一六）に七十年間、国の安定と繁栄を導いたと慕はれた前国王が崩御しました。その二箇月後に皇太子が即位し、先代の喪が明けた仏暦二五六二年（二〇一九）に即位式が行はれ、正式に国王が誕生しました。しかし、現状は、様々な事情から英明な前国王の時とは大きく異なる状況となってゐます。名越氏は、先述の二十年程前の編著で、現王朝の苦難を予言する神祕的な占ひの存在を紹介してゐますが、ここでは、二十一世紀を迎へるまで「国王の下、東南アジアの最優等生に浮上」して隣国に羨望されると同氏が述べるほどに統治が機能してきたタイの王制について述べます。

一九八〇年頃までは、私の計算でほぼ二年半毎にクーデターがありました。クーデターと聞くと驚くでせうが、私がタイにゐた二年半の間にも一度ありました。結局、呑気な一日の騒ぎで終りました。朝、大学へ行かうとしたら、メイドがクーデターだと知らせてきました。今日は仕事に行かなくていい、などと不謹慎なことを考へて、大学へ電話したら、休講にはなりません、と平然と言はれ、出勤しました。途中、戦車とすれ違ひました。大学では皆呑気なんです。蜂起した首謀者の軍人の名前はタイ語で「太陽」といふ意味があり、「太陽は昇るだらうか」などと冗談を言ってゐました。そして、ラジオ放送局が占拠されると、テレビを見始めました。「みんな呑気だね。どうなるの」と言ふと、タイのある先生が「政権を取らうとしてゐるだけで、タイには王様がをられるから、国は壊れません」と言ったのです。呑気な原因がわかりました。そのクーデターは半日ほどで終りました。首謀者は処刑されるわけでもなく、国外追放です。ほとぼりが冷めると戻ってくるらしいのです。仏教国は寛大だと実感しました。

十三世紀の初頭に今のバンコクから北へ六百キロほどのスコータイといふ地に今のカンボジアのクメール帝国から独立した王国が栄え、その王朝がタイ王国の起源とされてゐます。その第三世の王は、現行のタイ文字の原形を一二三八年に創案したとされ、その文字で記された最古の史料である石碑には「国王はタイ全土の統治者です。国王は全てのタイ人に徳と仏法を正しく教へる指導者です」また「水に魚あり、田に米あり」と国の理想像が描かれ、今でもタイ王国の理想とされてゐます。

そのスコータイ王朝は、九代の王で百年ほど続いた後、バンコクから北に八十キロのアユタヤを拠点とした王朝に取って代られました。アユタヤ王朝は三十四人の王が即位し、その間（西暦一三五〇〜一七六七）、王都は国際交易も盛んで繁栄し、日本の江戸時代初期に日本人町もあり、欧洲の使節も訪れるなど国際都市でした。一方、周囲の民族との戦争と王位継承の抗争が繰返され、王統も血統的に一系であったわけではありません。結局、一七六七年に隣のビルマに滅ぼされます。その破壊は徹底的で、タイの文化遺産は殆ど烏有に帰したと言はれてゐます。しかし、華僑の父とタイ人の母を持つ将軍が同年のうちに独立を恢復させせました。ところが、その民族再興の英雄は、十五年後に処刑されてしまひました。かうして、一七八二年、現王朝の始祖が王位に即きました。そして、その十代目の王様の即位式が西暦二〇一九年五月に行はれたのです。

かう見てくると、現王朝の前の一代を王朝として加へると四度、王朝が変ってゐるわけです。しかし、タイ人は、タイは建国した十三世紀以来ずっと民を指導する王様を戴いてきてゐること、そして西洋の帝国主義の支配下に陥らなかった日本以外の唯一のアジアの国であることを誇りとしてゐます。

血統は世界のあらゆる王統にあって重視されることは言ふまでもないですが、タイでは、以上に述べた歴史的背景のため、文化の連続が必須の王国としての伝統の維持を血統の一統によって保つことはできませんでした。そのため、一系であることよりも、儀礼の継承により王国としての伝統を維持してきてゐるのだと思ひます。

そのことは、スコータイ王朝三代目の治世がタイ王国の理想的原型として現王朝によっても回顧され、現王朝の五世王によってスコータイで発見された玉座が、今、王宮寺院内に保存され、国家儀礼に使用される玉座の一つとなってゐて、さらに、アユタヤ時代にビルマの隷属から独立を恢復させたナレスアン王（在位一五九〇―一六〇五）が独立戦争の過程で武勇を示した際の武器が現王朝の宝器とされて即位式の戴冠直後の新王に渡される等々からも窺へます。

これらの事実は、国家儀礼とりわけ即位式によって回想される伝統が、古くタイ民族の国家形成時やその後の王朝の大王の業績に求められてゐることを示すものです。言ひ換へれば、国家儀礼によってタイは、度々の王朝交替にも拘らず、精神的系譜の連続性を示し、いはゆる革命とは無縁の国となってゐて、独自の文化を育んでゐるのです。

以上のタイ王朝の興亡から、易姓革命を連想する人がゐるかもしれません。しかし、現王朝の始祖は宗教・法律・文学などあらゆる分野で伝統の再興を目指し、従来と全く別の原理の国家理想をうち立てたわけではありません。つまり代々の統治者を否定することに正当性を求めて即位したのではありません。元や清などシナ大陸のやうに全く違ふ民族が来て、支配したわけではないのですから、人民はタイといふ国が断絶したとは思ってゐないのです。そして、連続性の根拠を確実にするために儀式を再興させたのです。先にビルマから独立を勝ち取った将軍が現王朝の初代の王に処刑されたと述べました。それでも、現王朝の国王は、異民族からタイを復興させた英雄として、毎年、顕彰碑にきちんと礼を尽してゐます。さういふ儀礼の実践で伝統が続いてゐて、王朝の正統性を確保し、断絶のない国の姿を示してゐるのです。

その儀式の中でも、とくに即位式は重要で、現王朝の始祖は、即位に際して、国の滅亡と共に消え去った前の王朝の即位式の記録を力を注いで調査させ、その復元の研究成果に則って即位式を再興させて挙行したのです。かうして伝統は守られ、血統の連続はなくとも、儀礼の継承によって、王位継承の正統性が認められてきたのです。

四、タイ王国の即位式

1　タイ国王の即位式の特徴

王国の即位式が普通「coronation」(戴冠式) と呼ばれるのは、多くの王国で戴冠が最も重要な即位の瞬間だからです。司教の就任にも使ふ「enthronement」も即位や即位式と訳されますが、それは、王座の意味の「throne」に他動詞を造る接頭辞「en-」を付して、王座に就かせるといふ動詞を作り、それに名詞を造る接尾辞「-ment」を付けた語です。各王国の即位式をサイトで探す場合は、「coronation」で検索すればよいでせう。しかし、この二つの英語は、日本やタイの場合の即位式の本質を言ひ当ててゐません。タイでは、英語の聖別の意味があり、日本語で灌頂と訳される英語「anointment」に相当するタイ語が使はれてゐます。聖水を頭頂に注ぐ聖別式を言ふ語です。タイの即位式では灌頂式によつて、新王が誕生するからです。

即位式の準備は先帝の喪が明けてから始まり、まづ即位式の日取りをバラモン僧が占ひをして決めます。わが国のやうに、十一月の卯の日と定められてゐるわけではありません。日本の場合は、御代替りが夏の前の時にはその年の秋に、夏の後だったら、翌年の十一月の卯の下または中の日となってゐます。それは、新米を用意する必要があるからだらうと考へられ、大嘗祭を考へる上で重要なことなのです。

タイでは、式の準備は、聖水の採取と黄金の銘板と言って即位式の日や位を授けた人、皇后になる人の名前、王宮がどこにあるのか等々が書かれた銘板の作成が即位式の二～三週間前から進められます。即位式の山場である灌頂の時に注がれる聖水がタイ全国各地から採取されます。即位式の四～五日前には仏教の高僧のいはば斎戒の行事や政府高官が集まる社会的な儀式が行はれ、いよいよ即位の日を迎へます。

王族や諸司百官の前で仏教を信奉するといふ誓約の後、式が始まります。注目したいのは、聖水を渡す等々即位式の最も重要な儀礼は、バラモン僧が司祭してゐることです。そこは天皇親祭の日本の大嘗祭と異なるところで、その意義は以下の3で考へます。

2　タイ国王の即位式次第

以下、拙稿「タイの王室と即位式―その概要と特質―」(「亜細亜大学アジア研究所紀要」第十三号、昭和六十一年)に基づいて、式次第の要点を辿りたいと思ひます。

国王が着座する玉座はいちじくの木で作られた八角形の座で、その上に国家の白幢と呼ばれる七重の傘がある。八角の玉座の各々の縁の前には小さな机が置かれ、その上には、貝と聖水と各方位の守護神の像が据ゑられてゐる。その机の傍には宮廷博士とバラモン僧が一人づつ供奉し、国王が東面して座に着くと東方に供奉する二人が古代インドの言語のパーリ語で服従の礼を言ふ。次に宮廷博士が貝に入れた聖水を王に渡し、その授受の際に寿詞がパーリー語でなされる。パーリ語はインドのバラモン階級が使用してゐた言葉で、東南アジアの王国の王権思想がインドのバラモン教に基づいてゐるので使用されたのだらう。

その後、国王は聖水を自ら自身に注ぐ。次に国王は八方の方角に面して同様の儀礼を一巡して繰返す。八回の儀礼の手振も交される詞も同一だが、寿詞のなかで喚起される神が各方位の守護神であること、各方位毎に使用される聖水が作られた場所は当然ながら同一ではない。聖水は、前国王の場合は、タイの国境周辺の十八の地域から選んで取って、それを仏僧が清め、バラモン僧が王様に注いだ。

八角形の玉座の真西には玉座が据ゑられ、灌頂を終へた国王は戴冠のためにこの座へ移る。座を移す国王の後には、宝器や式の用具を持ったバラモン僧、さらにその後には、国王の統治権を示す八種の武器を持った宮廷官が供奉して続く。

このとき玉座の上の幢の傘はまだ七重しかない。

国王が着座し、バラモン僧が臣従の礼を行って「カイラーサ山の正門を開く」といふマントラを誦する。カイラーサ山は日本語で須弥山と訳される宇宙の中心に聳えるとされる山である。次に、用意されてゐた黄金の銘板が国王に渡される。この授受の際の応答もパーリー語だが、ラーマ四世以来、タイ語で復唱されるやうになった。

続いて、バラモン僧が勝利の大冠を国王に渡し、王は自らそれを頭に被せる。古代インドやクメール（カンボジア）ではバラモン僧が王の頭上に加冠をしたが、タイでは新王が自ら冠を頭上に戴く。戴冠の瞬間、宮殿では祝砲が発せられ、全国津々浦々で音楽が一斉に演奏された。この間、仏僧は他の場所で読経を続けてゐる。

大冠を頭上に戴いて玉座にある王に対し、バラモン僧が種々の宝器を渡す。その最初の品は九重の傘の国家の白幢である。ここで、それまで七重しかなかった傘が九重となり、国王は十分に王たる資格を身につけたつまり正式に即位したことが示されるわけである。

前国王の即位儀礼（EPA＝時事）

八角形の座から載冠の座へ移る国王に従ふ行列の各人は宝器を捧持するが、品数は常に二十で、これに八種の武器が加はり、宝器の総数は二十八となってゐる。

数多い宝器のなかでも、右に述べた行列の先頭に捧持されるのは九重の国家の白幢で、これが王位を表象する。次に重要なのは、「五種の王家の宝器」と総称される次の六種の品である（左頁写真参照）。一、勝利の王冠、二、勝利の剣、三、杖、四、扇とはたき、五、スリッパ。このうち四のはたきはラーマ四世の命によって扇とセットを為す品として作られたが、その他はいづれもラーマ一世によって用意された宝物である。スコータイ王朝の一世が即位した一三四七年の記録を示す石碑には、白幢、王冠、勝利の剣の語が見え、他にも宝器があったことが予想されるが、その部分は判読不能だといふ。バンコクの国立博物館に、十六世紀の宝器の模型と言はれる北タイからの出土品が展示されてゐて、そこには二重だが幢、扇、羽のついた杖、冠の先端らしきものがある。五種の宝器は、恐らく国家形成以来のタイ民族の王観念と繋りがあるのだらう。そのため、例へば、扇は涼しさを象徴して王の冷静さを示す、といふ解釈があるが、今俄に判断できない。宝器は祕儀性が稀薄で、王位が民族の歴史と共に古いことを象徴して王の威厳を示してゐるとだけは言へるだらう。

その後、華僑社会、ムスリム教会、インド人団体の代表の謁見があり、市内巡幸が行はれる。まづ陸路による仏教寺院への行幸、日を改て、水路による暁の寺への参詣がある。

インターネット上の電子図書館「インターネットアーカイブ」(https：//archive.org/) で公開されてゐるコーネル大学図書館所蔵『The royal portraits of H.M. King Paramindr Maha Prajadhipok Pra Pokklao Chowyoohua and containing his coronation year B. E. 2468』(https：//archive.org/details/cu31924023108966/) より。英語とタイ語による説明が付される同書は、ラーマ７世の即位式の記録。写真の頁は五種の王家の宝器で、このほか豊富な写真を見ることができる。「B. E.」は仏暦のことで、仏暦2468年は西暦1925年・大正14年。なほインターネット上の動画共有サイト「ユーチューブ」では、ラーマ７世即位式の記録映画を視聴することができた。

御坐船で王様が国民の前におでましになる。約一箇月続いた一連の即位式は巡幸をもって閉幕する。

以上が拙論の抜粋によるタイ国王の即位式の主な次第です。この論文を執筆中の西暦一九八五年四月九日、ラーマ七世王妃火葬祭が挙行され、終日テレビ中継されました。メディアは王室儀礼に関する論述を掲載し、即位式関連の宝器や玉座の国王の写真なども紹介されました。その頃、私は「The Siam Society」(王立シャム協会)でのラーマ七世の即位式の記録映画の上映会やディスクーン親王の案内による王宮内見学ツアーに参加するなど様々な「得難い」知見の機会にも恵まれました。それから半世紀程経た今、情報の入手は、前頁の電子図書館など、最早「得難い」とは言へず、容易にもなってゐます。上の写真は、仏暦二五六二年（二〇一九）五月に行はれた現国王即位式のときの様子です。

AFP＝時事

3　タイ王国における即位式の意義

以上の即位式で、日本の場合と比較できる儀礼に触れて、その意味を考へませう。式の最も重要な灌頂儀式で注ぐ水を各地から取るのは、日本で悠紀主基田が東西に定められることが連想され、統治する国土の範囲を象徴してゐるのではないかと思ふのですが、さういふ説明を読んだことはありません。

宝器の授与は、あらゆる王国の即位式に必須で、その宝器を言ふ「regalia」(レガリア)といふ英語をこの頃日本でも使ふ人が多くなってゐます。タイ国王の宝器は、日本のやうに王位の正統性を保証する絶対条件といふより、王の威厳を示す貴重品といふ印象です。数も多く、材質や大きさなども語られ、神秘性が稀薄だからです。

タイの宝器で重要なことは、十三世紀の建国以来の各王朝を通じて今も大王と称されるタイの英雄に縁があると伝へられてゐる品々が宝器とされてゐることです。王国タイの連続性がそこに示されてゐます。なほ、数ある宝器の中に徳川家からの寄贈の刀があるといふ報告の記述を見たことがあります。

とくに注目したいのは、タイは仏教が国教だとは法的に定められてはゐませんが、国王は仏教の庇護者であると定められてゐますし、国民の圧倒的多数が仏教徒である仏教国なのに、一連の即位式の中でバラモン僧が中心的役割を果してゐることによって即位の歴史的正統性が保証されてゐることです。

バラモン教は、古代インド社会で最高位の階級で指導的僧侶や司祭のバラモンが信仰した宗教で、ヒンズー教はそれが民衆レベルで信仰されるやうになった現在インドの中心的な宗教です。タイではインドに影響された土着の昔からの民間の信仰が根強く生きてゐて、それはヒンズー教起源のインドラ神やシヴァ神などに合格祈願や恋愛成就など現世利益を祈る信仰として盛んです。日本でも前者が仏法の守護者の帝釈天、後者が大自在天として信仰されてゐます。

バラモン教の思想は、九世紀に栄えたカンボジアのクメール王国で王様を王とする根拠とされ、以来、即位式に重要な役割を果してゐます。タイの王権もその思想を継受してゐるので、即位儀礼をバラモン僧が司祭するのです。

仏僧が重要な役割を果すのは、臣従礼、謁見、巡幸といった社会的な意味のある儀式で、その際に、それまでのバラモン僧に代って仏僧が表面に登場してきます。この即位式におけるバラモン僧と仏僧の役割は、バラモンの国王の聖化といふ宗教的役割に対して、仏教が後見役といふ社会的保証人を思はせる役割を果してゐると譬へられることが注目されるのです。タイでは民間で流行する現世利益の呪力依存がオカルトに陥らないために統御する役割を仏教が担ってゐますが、その役割が即位式の役割と重なって見えるのです。つまり、バラモンの王権思想で王位の正統性が確保され、社会の統合と秩序維持に大きな役割を果してゐる仏教が即位の社会的正当性を保証する、といふ構成になってゐることが注目されるのです。

君主の即位式といふ社会的儀式は、伝統に則した宗教的儀礼を保つことによって正統性を得てゐるので、一連の即位式には社会的かつ歴史的な儀礼が両輪として保たれてゐなければならないのです。しかも、その社会的と歴史的の二面性が、民族の民族的信仰と相似関係にあればこそ儀礼の力が発揮される、と思ふのです。

その相似関係から、王は、国の代表者としての正統性と正当性が保証され、社会の安定をもたらす機能を確実に発揮できるやうになるわけです。

4　明治天皇とラーマ五世

タイと日本について、もう三十年以上も前のことですが、バンコクのホテルに備へられてゐた「Thaiway」といふ外国人向けの英語の旅行案内に以下のやうな記事があって、感動したことがあるので、紹介します。

皆さんがある程度タイの歴史に親しんでゐなければ、タイの近代史において、日本の明治天皇とアメリカ合衆国のエイブラハム・リンカーンと比較できる統治者としての業績をあげて、自分の国に貢献した君主がゐたことが信じられないかもしれません。

と書き出して、大王とされてゐる国王を観光客に紹介してゐます。続いて、

その人こそチュラーロンコーン大王（ラーマ五世・御生誕一八五三、御在位一八六八

―一九一〇)、現国王プミポーン・アドンヤデート陛下の祖父です。五世王は、タイの君主の中で「大王」といふ称号を与へられてゐる七名の王の一人なのです。……同王は、明治天皇（御生誕一八五二、御在位一八六八―一九一二）と同時代の人でした。この二人が同年に位に即いたときには、両国は、アジアの他の諸国と同様に、西洋の植民地主義の力の脅威にさらされてゐました。この二人の王は、一連の広範囲にわたる改革を断行することによって、外部からの脅威に対応しました。

と書かれてありました。ラーマ五世と通称される王の名チュラーロンコーンは、今、タイの最高学府の総合大学の名となってゐます。この王の時代、周辺地域が英仏に支配される中、タイは独立を守り抜きました。そして、今、タイ人は、アジアで西洋の植民地にならなかった国は日本とタイだけだといふ誇りをもつに至ってゐるのです。日本の明治天皇のことを取り上げながら、自分の国の王様のことを讃へてゐるのです。お二人は生年も歿年もほぼ同じ、御在位の時期もほぼ重なって、その奇遇に、気分爽快になったことを憶えてゐます。因みに、「王様と私」といふヒットしたアメリカのミュージカル映画が一九五六年に作られましたが、タイでは久しく放映禁止でした。アメリカ人教師がこの国王に近代的思考を教育する筋になってゐて、タイ人を低く見る目が感じられる映画だからです。今は、鷹揚に受け止められて解禁されてゐますが、その西洋人の主人公の王様がこのチュラーロンコーン大王です。

五、伝統維持と祭り

1　宇宙のリズムに即した祭り

日本の文化は儀礼が重要な役割を担ってゐます。宗教とくに神道は儀式の斎行が第一です。近代人が宗教に必須だとした固定した道徳的徳目も定められてをらず、儀式の意味もあまり考へられてゐません。

昔、神社の長老格の人に神道について外国人に説明していただいたことがあります。異国の人は、祭りの様々な行動について、なぜさうするのか、その意味は何か、と逐一質問してきました。終にその長老は「昔からやってゐるので、私たちもしてゐる。意味はわからないなあ」と述懐されたのです。私は、説明になってゐないと、困ったのですが、仕方なく、そのまま「昔からやってゐるから」と通訳しました。本当に困惑しました。

　しかし、それから四十年ほど経った今、いかにその回答の意味が深いかと実感してをります。それは、私自身、「ある現象に意味を附与して考へると、その考へが固定されてしまひ、説明は時代の変化に対応が難しくなる。そして、時の流れの中で、祭りの意味自体を否定されることにもなりかねない」と気付いたからです。行事さへきちんと守ってゐれば、時代時代によって意味付けが異なっても、伝統は揺ぎない。そんな柔軟で自由な考へ方をしてゐるのではないかと気付いたからです。

　そして、「論じるよりも手振りを守りぬく方がよほど難しい。儀式の意味を考へる議論にふけるよりも、それを踏襲して実践することのほうが遙かに困難である」と考へるやうになりました。そのことに漸く気づいて、率直に答へてくれた人は偉かったのだと実感して、再評価し感謝してをります。

　かういふ視点に気付いた私は、伝統維持の方法に関して、東欧と言はれた欧洲の国々を見て、儀式や行事実践による伝統の維持と社会統合の効果が痛切に実感されました。

ポーランドでは祝祭日のお祭りの度に外国人が殆ど行かないやうな田舎で過しました。お世話になってゐたその村で、いい機会だからと、会ふ人毎に「聖書を読んだことがありますか」と聞き回ったことがあります。殆どの人が「全部読んでゐません。ちょっと見たことはある」といふ回答でした。「では、どうしイエスの生涯を知ってゐるの」と聞くと、「クリスマスなどに教会ではイエスの生涯の物語を説教するので、教会に行けば聖書の内容を教へてもらへます」あるいは「子供の頃の日曜学校で習った」と答へる人が多かったのです。

共産党の支配下にも拘らず、ポーランドの場合は、日曜学校で教会が頑として宗教教育をしてゐましたから、村の年中行事や慣習を通じて、信仰心を身につけてゐました。季節毎の祭りが村人にとって非常に重要で、村をあげて挙行されてゐたことに強い感銘を受けました。

彼らの最大のお祭りのクリスマス。いつごろから始まったか考へたことがありますか。

教会がその日をイエスの誕生日と定めたのは四世紀初期のことなのです。それまで三百年間、イエス聖誕の日は決ってゐなかったのです。ではどうしてあの日になったのでせうか。冬至です。太陽の出る時間が一番短くなって、次の日から長くなり、陽の光、生命が生れ出る。ヨーロッパの未開の宗教では、冬至祭りが行はれてゐて、光の再来の日とするにはこの日が一番定着しやすい、といふことで教会がこの日を選んだのです（クルマン『クリスマスの起源』教文館、平成八年）。

また、復活祭の日々もその村で過し、来る春を祝ふ雰囲気を楽しみました。興味を惹かれたことの一つに、今はやらなくなってゐましたが、以前は、家の煖房で燃やしてゐた薪の炭を墨にして人の顔に塗るいたづらがあったことの発見がありました。手あたり次第、出会ふ女の子の顔に塗りつけたさうです。女の子が逃げ回り、男が追ひかけ回して喜んでゐたと聞きました。そんな風習を記録した絵本もありました。日本にも似たやうなお祭りがあることを思ひ出して、人間は似たことをするものだと思ひました。

また、別の機会おそらく聖霊降臨祭の日だったかと思ふのですが、教会の祭壇から御神

一九七五年筆者撮影。クルピア地方カヂドゥオ村

体のやうな聖遺物を出してきて、大行列を作って村を巡回するお祭りもありました。教会では、遠くから来た外国人だから一番前で見なさい、と写真撮影も許されて、「信者でもないのにいいのかな」と思ひつつも、さすがに遠来の人を大切にもてなす伝統のある国だなと感心しながら、写真を撮ったりしてゐました。祭壇から聖遺物を取り出して、それを掲げて行列をします。神輿を担いで回るやうなプロセッションつまり行列がありました(**写真**)。その村の場合は、四箇所の御旅所に似た所を回ってゐました。その一箇所はその村から出た戦歿者の慰霊碑のある丘でした。巡回の意味やなぜ四箇所を回るのかと尋ねたところ、「聖書は福音書が四つあるでせう」と面白い答へでした。私は、後づけの意味の説明だと思

ったのですが、さういふ意味づけは何であれ、ともかく、共産党支配下の国で、宗教行事の祭りが村を挙げて盛大に行はれ、続けられてゐることに感銘しました。

そして、感じたのは、プロテスタントの地域のやうに、行事よりも道徳律の教条を大切にして、儀式や風習を軽視する理性や知性を重視する世界では、キリスト教が元気を失ってゐて、神は死んだなどの大問題が議論になってゐた一方で、旧教の世界では衰微を感じないといふ現実でした。ポーランドのやうに、聖書を読んでゐるかゐないかよりも、季節の廻りに応じて祭りを村中で実行し続けてゐる、そのことの大切さを実感いたしました。

現在、ポーランドでは、乗用車の後に魚の図案のマークをつけてゐる車をよくみかけます。これは、「私は神父です」といふ標章だと知らされました。その時、思ひ出したのは、ルーマニア社会主義人民共和国で上級党員の車が我が物顔で街を走ってゐた光景でした。ポーランドの神父の車の魚の表示は、特権の明示といふより標章をつけることによって神父にとっては交通違反などはできなくなるのでせうから、ルーマニアの上級共産党員とは意味が正反対ですが、連想したのは、ルーマニアの共産党幹部の特権でした。

当時のルーマニアでは、首都ブカレストに二軒だけ、共産党特権者と外交官だけが入れる店があって、市中にない物が売ってゐました。外交官ではない私は、入る権利がなかったのですが、入り口でたばこ一本賄賂を渡して、門衛にまた来たと言ってはその店へ入って、生活をしのいでゐました。無茶なことをしたものです。これが、皆さんがコマネチでイメージする国の社会の現実でした。恐らく今の北朝鮮も似た社会情勢だと思ひます。

2　祭りの本性

薗田稔氏は、祭りとは、周期的に神聖な時間と空間を限ってその中に成立し、神話的世界観に基づいてその始原的理想像を再現し、神話的秩序（コスモス）を恢復して、歴史的混沌（カオス）を癒す人々の行為の文化現象だと分析してゐます。

私には、この指摘が、信仰が現実に生きてゐる国々では、教義による道徳律に従はうとするよりも、宇宙のリズムに即した生活の中に根付いた行事つまり祭りが社会の全体で実践され、それを通じて、人々の信仰心が生き生きと維持され続けてゐることを実感した体験と重なってゐます。そこで、その視点から、薗田氏の分析の言葉は次のやうに言ひ換へて理解することもできると思ってゐます。

神社の祭礼や社会の祝祭も含めた祭りとは、日常ではない神聖とされた場所や時間の中に宇宙や社会の存立基盤である始原的理想、例へば建国の理念を再現させる行為です。その原点の復興によって、人々は、生きる時代と社会の混乱を癒やして安寧を恢復するのです。

祭りは、儀礼であれ祝祭であれ、伝承に忠実に実行されなければ、社会を癒す効果などの機能が発揮されません。つまり、祭りは「真似事」でなければならないと言へるでせう。

明治天皇の御製がしみじみと思ひ起されます。

　わがくには神のすゑなり神まつる昔のてぶりわするなよゆめ　明治四十三年

　いそのかみ古きてぶりをのこさなむ改めぬべきこと多くとも　明治四十四年

二首目の下句は「改めたことが多くとも」の意と拝しました。

日本人は、様々な文化現象の意味とそれを身につける手順を箇条にまとめたマニュアルをつくり、それに従って文化を学んできたのではなく、特定の現場の特定の人を真似することによって学習してきました。「学ぶ」とは「まねぶ」つまり「真似る」です。「学習」は「まなんでならふ」のです。「摸倣」の「倣」も「ならふ」です。日本人のもの学びは、手本を真似するのです。いつでもどこでもだれにでも通用する方法のマニュアルを読むより、目の前の手本を見つめながら、百パーセント真似て、完全な真似が身についた後で、それを超越できたら本物になるのが日本人のもの学びの方法です。

3　伝統維持の日本人の智恵

外国人が日本人の生活と社会に接して不思議に思ふことに、近代化が進んだ社会に古い文化が見える新旧の併存、さらに海外の異質な文化が溢れてゐても近寄りがたい見えない日本なるものを強固に感じさせる固有のものと外来のものの共存があります。そして、それを無原則な雑種の無秩序と感じて困惑するか、融通無碍と感じて興味を抱くか、異文化に接した人間の対極的な反応が鮮明に現れます。

例へば、仏教寺院の境内で鳥居を見る驚きです。言ひ古されたことですが、外国人には常に新鮮な驚きです。日本は仏教国だと言はれることが多く、神道「Shinto」といふ言葉はあまり知られてゐません。しかし、日本の昔からの固有の宗教だと説明すれば理解してくれて、現代社会に生き生きと存在してゐることも知ってもらへます。それでも、仏教寺院の境内に神道信仰の祠があることへの違和感は強いのです。仏教は仏教で、神道は神道、名が異なるものは違ふのです。それが世界の大多数の人々の考へ方です。

日本人は昔からあるものを大切にします。新しく外から来た仏教は、居場所を借りるため、その土地の神様にまづ御挨拶して、そして守ってもらってゐます。その結果、新旧と内外の異質なものが共存することになる、といふ説明を私はしてゐます。それでも、初宮参りや七五三で神社にお参りしたその人が、結婚式を教会であげ、仏教で葬儀をする。全知全能の一神教を信仰する人にとってはまったく不可解な現象です。

逆に日本人がかうした独得の感覚で外国に対応したらどうなるでせうか。実際に起った騒動がありました。日本の旅行業者が外国の教会で結婚式を行ふツアーを企画したことがあります。私の記憶では、スイスとオーストラリアの山村での騒動です。結婚式に教会で式をあげる日本人がクリスチャンではないことを地元の人々が知って、騒ぎになったのです。西洋では信者でもない人が教会で結婚式をあげるのは、奇怪に留まらず冒瀆ですらあります。新郎新婦のどちらかが信者であれば問題はないのでせうが……。

このやうに、信者であるかないかを峻別し、ものごとを判別して考へる習慣が日本人は稀薄です。無いと言ふべきかもしれません。これを「あいまい」と言って非難する日本人もゐますが、否定的に見て良いかどうか、ファジー（fuzzy）が見直される技術の時代、日本文化の曖昧の再評価を期待したいと申し上げます。

日本人は伝統をどのやうに考へ、どのやうに対応してゐるのでせうか。

京都の金閣寺は外国人の旅行案内の定番で、銀閣寺より遙かに知られてゐますが、後者は国宝で前者はさうでないと教へると日本人も驚きます。国宝を指定する法制度は宝を「物」で考へる観念に基づいてゐるやうに思はれます。銀閣寺は作った当時のまま残ってゐるから国宝で、金閣寺は昭和二十五年に焼失し、再建された新しい建造物なので国宝に指定されません。

そして、伊勢神宮は「古くて新しい」と説明すると、そのあり得ない矛盾した形容に興味を示します。二十年毎に造替して、建物が新しいことはすぐにわかってもらへますが、なぜそれが古いと言へるのか。

伝統の維持と祭りを考へるとき、伊勢の神宮の式年遷宮を考へずに済ますことはできません。そこには、それに関するあらゆる問題に対する解答が見出せるからです。日本の文化は新しく再生してゐる中に昔が生きてゐる。再生して常に新しく、その生きた新しい姿の背景に古い様式があり、その伝統に基づいて生きてゐるのです。

さう言っても、新は旧を滅しなければ真の新にはならないとする多くの外国人にとって、十分に納得できないやうですが、栗田勇氏の次の説明は、対訳の英語も添へられてあり、外国人にも説得力があると思ひます（『雪月花の心――Japanese Identity』祥伝社、昭和六十二年）。

20年ごとに伊勢神宮は古くなっても新しいままでも、壊れても壊れなくても、定期的に建て替えます。右の敷地にあるものを壊して、左に建て替えてしまうわけです。ですから建物そのものは異なっても、原形は正確に維持されます。同じパターンをすぐ隣りで踏襲していくからです。／パルテノン、ローマの神殿、ゴシックの教会などは石で造られ、その建物自体が年月を超えて永久に持続しています。しかし、日本人は初めから神殿をひじょうに壊しやすく造り、テンポラリーに壊して同じものを建て替えるという方法を採りました。つまり、実体は違うけれども、モデルとシステムを保存し、その物自体は変わっても、同じ神殿が永遠に続くという方法を選んだことになります。／このような考え方は、先端科学技術にも、きわめて暗示を与えるものだと思われます。ここには、コンピュータシステムに似た感覚があります。つまり、物質それ自体よりも、情報のネットワークのほうが現実的だということです。

つまり、ハード面の物は新しくとも、それを支へる祭りの手順、再建の方法などソフト面は神代の手振りのままを継続させる伝統維持方法だといふ指摘です。目に見える顕在の世界つまり物の世界は常に新しく、しかし、見えない背後の原理は継続させる、といふことで、物を真似て再生させることによって維持させてゐる、と言へるでせう。

千四百年の間、常に新しさを求めて建替へてきた神宮は、信仰の面からは神代以来の伝統を守ってゐて、古いとしか言ひやうがありません。建物は新しいのですが古式そのままの世界がそこに再現され続けてゐる生きた聖地です。ですから「古くて新しい」のです。ある時、「全てが新しくなる」と言って説明したら、「人間も替はるのか」と冗談半分に問はれて、「全員入れ替ったら儀式ができない」と真面目に答へて、笑ひ合ったことがありました。その冗談に、伝統は人が担ふことに気付かされたことがあります。

六、大嘗祭の歴史的意義

1　一連の即位式の中の重儀

祭りや儀式が国の理想を示し、社会の連帯感を固める機能があること、また、タイ国王の即位式から、伝統的な王朝には歴史的根拠のある儀式があること、そして、そこに変らざる建国の理念が反映してゐることを理解していただけたと存じます。

今上陛下の場合は、令和元年五月一日の剣璽等承継の儀そして即位後朝見の儀があり、十月二十二日の即位礼正殿の儀によって内外の社会に即位の事実を宣明なされて、社会的には即位されたわけですが、その後に、十一月の大嘗祭、それらの儀式に伴ふ饗宴さらに伊勢神宮そして御陵の御親拝、パレード等々がありました。

本論は、即位後に大嘗祭があることの意味を考へることが課題です。その際、かうした一連の儀式があることを史的に考察し、その歴史的根拠を求めれば、薗田稔氏の次の説明は簡潔明瞭に表現されたものと思ひました。

平安初期の平城天皇の時から践祚と即位と大嘗祭とは儀礼的に分化して、それぞれの儀式が天皇即位に一連の重儀となった。またそれぞれがその必要条件となり、三儀揃って執行されてこそ、その十分条件になるという考え方が根強い。しかし、践祚については、先帝崩御あるいは譲位の場合、ただちに一刻の空位をも忌んで皇太子への剣璽渡御の儀（今回は剣璽等承継の儀）が執行され、この時点で神器すなわち天皇のレガリアを承けて皇太子は天皇の位に就かれることになる。「践祚」の祚とは、……東方の階段で、践は履むこと、つまり天子が主階を昇って祭祀を行なうこと、すなわち天子の位に就くことをいう。即位礼は、朝賀の儀に倣って新帝が高御座に登り内外に即位を宣明にすることをその主旨にしている。したがって、践祚における剣璽渡御によって、皇位継承は成就しており、即位礼と大嘗祭はすでに天皇の資格で執行される、いわば十分条件とみなすことができる（「大嘗祭―儀礼論の試み」『現代宗教学３祀《まつ》りへのまなざし』東京大学出版会、平成四年）。

國學院大學で神道祭祀学を担当し、実際に宮中祭祀や大嘗祭に奉仕する茂木貞純教授も

御代替りに際して行はれる皇位継承の儀礼が、大きく三つあります

と「御代替りと皇位継承の伝統」といふ講演（講演録は月刊「祖國と青年」誌、平成三十一年四月号）の冒頭で述べ、薗田氏と同様のことを語ってゐます。つまり、践祚の儀で三種の神器を継受され、即位の礼で皇統継承を内外に宣明し、新しい天皇の親祭である大嘗祭を経て、十全の天皇となる、といふことです。

私が、一連の即位式を二分して考へたのは、此世の森羅万象も我々人間自身も歴史的かつ社会的存在であるといふ人間存在の基本的構造に照らして、人間とその社会にとって祭

りが欠かせないことを考へておきたいからです。かう考へる時、祭りは、昔から、どこでも、集ふ人々の賑ひと神事の静謐、誰もが参加する顕の面と神職の行ふ祕の面とのいはば明と幽と比喩したくなる二面によって成立してゐて、儀礼と言はれる祭りの伝統的な祭礼と、祝祭と言はれる社会的な側面のお祭り騒ぎの行事、その儀礼と祝祭とが表裏一体となって祭りは完全となる、といふ視点から御代替りの一連の行事を理解したいからなのです。

そして、その二面性の視点からは、新天皇の親祭である大嘗祭の深更の儀礼は祝祭の顕とは別の密の分野の祭りであり、しかも即位を決定づける重要な儀礼として、顕とも言へる剣璽渡御の儀や即位礼正殿の儀とは異なる本質があることが浮かび上がってきます。その意味で「践祚における剣璽渡御によって、皇位継承は成就」といふ薗田氏の「成就」との指摘を社会的に皇位の継承つまり即位が承認されたことと私は理解し、さらにその後に大嘗祭があることの意義を考へたかったのです。

そして、新帝即位の際の一連の儀式つまり祝祭と大嘗祭とは御即位を保証する車の両輪となってゐて、どちらも欠かすことはできないことに注目したいのです。

2　皇統の正統性を保証する神話の再現

茂木氏は、右に紹介した講演で「御即位は漢朝の礼儀をまなぶなり。大嘗会は神代の風儀をうつす」といふ応仁の乱の時代の大学者一条兼良の言葉を紹介してゐます。皇位継承の儀礼に大嘗祭が不可欠なのは、それが神事であり、わが国の祭祀伝統である神事は神話に語り継がれてきた神勅に原点があるからだ、と茂木氏は指摘してゐるのです。

即位式が生きてゐる人々の間だけの即位の確認つまり社会的な正当性を求めるだけで終り、そこから宗教性が排除されれば、伝統、遠い祖先との繋りは保証されずに正統性も得られないのです。わが国が、世界に類のない一貫した深い伝統を維持してゐるのは、自らの行為を宣伝するやうに国民の前に示されてゐなくとも、天皇が年間を通じて、人知れず祭祀といふ祈りを厳修されてをられるからです。大嘗祭はそのことを再確認する大事な儀礼なのです。

即位礼を終へた段階では、いはば社会的正当性を得て皇位継承が成立したと言へても、歴史を超えた天孫降臨以来の祭祀王としての即位のためには大嘗祭は欠かせません。

世代を超えた伝統がそこになければ、現憲法にある「世襲」すら根拠を失ひます。和気清麻呂公が得た宇佐八幡の神託「我が国は開闢以来、君臣の分定まれり。臣を以て君と為すこと未だあらざるなり。天津日嗣は必ず皇緒を立てよ。無道の人は宜しく早く掃除すべし」に立脚しなければ、現憲法の言ふ世襲の正統性すら得られないのです。日本の国の象徴として現行憲法で定められてゐる天皇を支へる国民総意とはある特定の時代に生きてゐる人だけではないのです。ここに皇位の継承そして即位式に時代を超えた根拠つまり生きてゐる人にとっての超越性すなはち宗教性が不可欠となるのです。そして、その超越性を保証するのが神話の世界の再現です。

薗田稔氏は前掲の「大嘗祭―儀礼論の試み」で、大嘗祭が「広義の神道文化に属する」儀礼であるとし、「教団宗教以前の宗教文化、日本という民族国家存立にかかわる宗教文化」であると説いてゐます。広義の神道文化とは狭義の神道宗教が「個別の宗派や教団を形成してきたいわば宗教の歴史的実体である」のに対して「民族を形成する宇宙原理（コスモロジー）を体現している宗教文化的実体」であって「現代宗教論でいう意味の個人的信仰にかかわる教団宗教ではない」と指摘し、「過去のどんな社会にも宗教文化が内在し、しかもそれらが、近代の宗教観がそれとみなすような個人レベルの私的信仰だけではない……部族や民族の社会、あるいは一定の地域社会がその連帯を維持する共同生活のレベルで習俗的に営んできた宗教文化」が存在し、現下の日本の場合は「象徴天皇制を継承する限りは、天皇を象徴たらしめる文化的伝統をないがしろにすることはできないはずである」と現代日本における大嘗祭の不可欠な所以を明確に主張してゐます。ここに私は大嘗祭を公的に斎行すべき根拠があり、大嘗祭が、私共にとって、日本の国柄をきちんと確認する重要な機会となって、神話は野蛮の残滓ぐらゐにしか思はれてゐない近代社会の中で、神話の再現が私達が神話や伝説の世界で生きてゐる事実とその重要性を再確認できる得難い機会となるのだと思はれます。神話は英語で「myth」で、その対義語として「reality」（現実）が使はれます。神話はリアリティの反対つまり虚構とされてゐるのです。『古事記』を全訳したチェンバレンをはじめ十九世紀の知性は「神武天皇の即位が紀元前六六〇年前とは神話つまり虚構だ」といふ合理主義に立ってゐました。そんな人々も「クリスマスの時をイエス・キリストの誕生日」とする神話を信じた静謐な中で過してゐたのではないでせうか。クリスマスは冬至の日の陽光の蘇りだと既に述べました。洋の東西、人々の生活にとって史実かどうかの根拠よりも、伝説の方が重要な場合もあるのではないでせうか。祭りには宇宙のリズム、自然に一致したリズムがあって成立するとは二十世紀の宗教学とくにエリアーデの主張でした。

3　伝統と復興の意義

祭りは、断絶させることなく、定められた儀式の通りに実行することが最重要なのですが、実は、応仁の乱の時代から江戸時代初期、大嘗祭が行はれなかった時期がありました。後土御門天皇以降、九代二百二十年間断絶してゐたのです。歴史家は、断絶があった先例があるのだから、なくてもいいではないかと論議したがります。確かに断絶はありましたが、何よりも大事なのは、その間、歴代天皇方が、どうしてもなさらなければならないといふお気持ちを抱き続けてをられた事実です。昔の手振りを守る意志を示された大嘗祭が斎行できなかった天皇の御製からそれは明らかです。

大嘗祭の中断は、後柏原天皇以後九代に渉りますが、中断前の最後となった大嘗祭を斎行された後土御門天皇は、朝儀の維持に殊の外尽力なされ、

まつりごとその古にのこりなくたちこそかへれ百敷のうち　（内侍所御法楽）

といふ御製を残してをられます。この百敷は宮中を意味します。古の原初の儀式が行はれないことに対する御無念が伝って来ます。

次は、式年遷宮で大嘗祭のことではないのですが、後奈良天皇の御製です。

宮柱朽ちぬちかひをたておきて末の世までのあとをたれけむ
いそのかみふるき茅葺《ちがや》の宮柱たてかふる世に逢はざらめやは

伊勢の御遷宮も十五世紀中頃から動乱の室町時代の百二十年ほどの断絶がありましたが、なんとかしようといふ君と民との思ひは絶えず、復興されたのです。断絶といふのは異常事態で模範にはならないといふことを思ひつつ歴史を学びたいと思ひます。異常事態を平

常としないために努めるのが我ら民の務めです。

むすび

大嘗祭は、神話が再現されて、それが今ここに行はれてゐるといふことが最も重要な本質です。その斎行は、なぜ皇室が有史以来絶えず日本の国の安寧維持の役割を担ってきてゐるのか、その問ひかけへの解答を見出す得難い絶好の機会だと申し上げたい。そして、大嘗祭の意味を考へるときには、ぜひとも古事記・日本書紀の神話を読んでください。日本人誰もがさういふ機会にしていただきたいと願ふわけです。

近代化や合理化が推進されつつある現代に神話の再現が実践されてゐることが、世界から稀有な奇跡的現実だと驚嘆されて、日本はその伝統文化の持続性によって賞讃されてゐます。現代世界における日本の存在意義は、近代化すると同時に太古の伝統を維持して生かしてゐるところにある、と申し上げて、第Ⅲ部の考察を終へることに致します。

第Ⅳ部

上皇陛下・上皇后陛下のポーランド御訪問とその余薫

はじめに

平成十四年七月、上皇・上皇后両陛下におかせられては、ポーランドとハンガリーを公式訪問くださり、チェコとオーストリアにお立ち寄りになられました。ハンガリー人の友人が寄せてくれた便りには、以下の通り完璧な日本語でその感動が示されてゐました。

本当にすごいことでした。私は二回お会いしました。一回目は国会議事堂でのハンガリー大統領による晩餐会でした。そちらには五十名ぐらいの人が呼ばれていました。お食事が始まる前に一人一人が紹介されて、天皇皇后両陛下と握手する機会がありました。私はそこで皇后陛下に声をかけられ、やさしいお声にびっくりしました。二回目は昭和天皇から勲章をいただいている父と一緒でした。父とともに両陛下にお目にかかれることはなによりでした。皇后陛下がおっしゃられたようにこの日本関係のお仕事は幾世代も続くのが大事です。両陛下とお話をした八十二歳の父は、大喜びでした。喜んでいたのは私だけではありません。両陛下とお会いできたハンガリー人や、ここにお住まいの日本人もみんな心よりうれしかったのです。直接お会いするチャンスがなかったガイドをしている友達も陛下がいらっしゃったところへ行ってハンカチを振っていたのです。残念ながら陛下のプログラムは（安全のため）前もって知られていなかったので、もっともっとお会いしたかった人もいっぱいいたのではないかと思います。

上皇后陛下に接した誰もから「やさしい」といふ形容詞が異口同音に聞かされてゐたので、遠く欧洲から「優しい」と感嘆する声を聞いて、異国の人の感動が髣髴としてきました。

両陛下の御訪問の実現は、その地域との交流に関ってゐる私にとって感慨深いものがありました。とくに御訪問先の国への知られざる感動的な影響を知り、日本の人々に知ってほしく、一文を綴ります。

一、上皇陛下と中欧（旧東欧）地域

1　「大いなる世界の動き始まりぬ」

大いなる世界の動き始まりぬ父君のあと継ぎし時しも

上皇陛下が御題「時」の平成十二年の歌会始の時に発表された御製です。詞書がないと一首の短歌の意味と作者の心を解釈し理解するのは容易ではありません。

言葉をある情況に置いて理解するのが困難で、ともするとその言葉を抽象的に鑑賞者の理解できる範囲内で解釈してしまひがちだからです。

「大いなる時」とはどんな時なのでせうか。理窟からは「父君のあと継ぎし時」に「大いなる時の動きが始まった」といふ意味でせうから、御自身が即位され、責任ある立場に立たれた時だと理解するだけでも、言葉の上では誤りではなささうです。

上皇陛下が即位され、新たな平成の御代が開け、その時に大きな新たな世界の変動が始った。言葉の意味は以上ですが、御製の深意を考へることから話を始めたいと思ひます。

なほ、本文で今の上皇陛下、上皇后陛下の称号を、文章の混乱を避けるためにも当時のままの称号で言及した場合が多いこと、御了解ください。

2　共産党一党独裁の本質

両陛下がいはゆる東欧諸国つまり旧ソ連の衛星国だったチェコ、ポーランド、ハンガリーの三箇国とオーストリアを御訪問になったのは、平成十四年七月でした。なほ、その三箇国では東欧と自称することは以前からありません。地理的にも歴史的にも中欧と呼びますが、この文章では慣例で東欧諸国も使ひます。

陛下は、平成十一年十一月十日、宮殿における御即位十年に際しての記者会見の中で、次のやうに述べてをられます。

この十年間に世界を最も大きく変えた出来事は、ソヴィエト連邦の崩壊だと思います。このことは鉄のカーテンが取り払われ、力によらずお互いに理解し合うことのできる平和な世界が築かれていくことを感じさせるものでした。今朝はちょうどベルリンの壁が壊されてから十年に当たります……

淡々と事実を語られ、御自身のお気持を率直に披瀝されたお言葉ですが、わが国のマスコミでは踏込んだ御発言だと揚げ足を取る者も出はしないかと思ったことがありました。昭和四十年代に大学生だった私たちは、ソ連社会を否定的に言へば、認識不足だと学内で侮蔑された世代で、ソ連の崩壊などは考へられないことでした。当時の大学では、社会主義諸国は理想郷だといふ観念が支配し、北朝鮮も理想の社会だと聞かされ、率直な現実の指摘は発せられなかったのです。さういふ状況の中にあった者にとって、右の陛下の率直な表現に感動すら覚えました。

また、「力によらずお互いに理解し合うことのできる平和な世界が築かれていく」とあります。東欧は共産党による一党独裁の強圧体制でした。強圧は「指導」とされ、わが近隣の共産党支配の国々は今もその指導といふ暴圧を振り回してゐます。私は、編著『台湾と日本人』(錦正社、平成三十年）で、一党独裁の政治を理解するキーワードとして嘘と指導性をあげ、香港の一国二制度は砂上の楼閣だと指摘しました。中華人民共和国は建国以来、嘘で構築した政権を正当化する世界を国民に教へ込み、指導性を発揮してゐます。

一党独裁の国ルーマニア社会主義人民共和国に滞在中、外国人専用でないアパートに住んでゐた時期がありました。若い男女がやってきて、ここの住民はどこへいつ選挙に行くことになってゐるから忘れないやうに、と候補者名を言ってきたことが二度もありました。選挙の戸別訪問のお願ひでも助言でもなく、指示の態度でした。投票率が高い原因を知り、当選者が決定済みだと実感しました。独裁者チャウセスク支配下の国の英字新聞には、連日、自由と平等（freedom & equality）といふ標語が第一面に踊ってゐました。現実は、党幹部には可能な国外渡航も国民には不可能でした。大学の小さな教室に至るまですべての部屋には独裁者の写真と党のスローガンが掲げられてゐました。

共産党の虚飾は経済面にも及び、現地の通貨は国内で通用するだけで、国内ですら米ドルを珍重する闇経済が実質の世界となって、政府が決めた三～四倍の交換レートで外貨が闇交換されてゐました。

一党独裁国は、そんな国ですから、経済統計も実体とは無縁に、政治主導で定められてゐることが予想されます。中華人民共和国が発表するＧＤＰの成長率などの数値は、国家目標を大きく下回ることはありません。「党の指導性」が統計に反映してゐるに違ひなく、その数値を出してきて経済動向を語るわが国の経済人に対して奇異な思ひが消えません。一党独裁下の政府は、あらゆる事象を政治的思惑から捻ぢ曲げます。

その「指導性」とは、労働者と農民の代表たる共産党はその人民の利益を守るために国家を指導する資格がある、といふ権力把握の理窟です。レーニンの国家統治の主要な原則であったさうですが、かつて東欧諸国には、党の指導性を憲法に明記した国がありました。その条文が消えたのは、一九八九年以降の欧洲の社会主義共和国や人民共和国で起った民主革命の後でした。今でも、中華人民共和国はもちろんラオス人民民主共和国、ベトナム社会主義共和国、キューバ共和国そして朝鮮民主主義人民共和国は政府を超えて絶対的な力をもってゐる党の指導性で国は運営されてゐます。

こんな指導性を実感したのは、ポーランドで一九八〇年に結成された自主的な労働組合が非合法とされ、弾圧され続けた理由を知人に尋ねた時でした。政府が草の根の労組を非合法とする理由を「政府は労働者と農民を代表する党である。その党に敵対する労働者はあり得ないし、許されない」と皮肉交じりに説明してくれました。

3　大いなる世界の動き

先に言及した平成十一年十一月十日のお言葉の二日後、国立劇場で行はれた政府の記念式典で、陛下は御即位後の十年を振り返り、次のやうにお述べになってをられます。

国外においては、ソヴィエト連邦の崩壊がありました。この出来事に象徴される冷戦の終結によって灯された平和に向かう灯火が今後消されることのないよう願っています。

このお言葉について、月刊『祖國と青年』誌の元編集長打越和子氏は、「ある一国の体制の崩壊によって平和がもたらされたというのは、陛下にしてはたいへん大胆なお言葉ともいえる」との感想を披瀝しつつ、そのお言葉が、陛下がその十年間に何度も繰り返された「平和を祈る」といふ流れの中にあり、その陛下の言及によって、社会主義者に占有されてゐた『平和』といふ言葉は日本人の伝統的な願いのこもった言葉として、その本来の命をとりもどしつつある」と重要な意義に気付かせてくれました(「天皇の道」『祖國と青年』平成十一年十二月号)。私共は、反核とか平和とか聞くと、戦後の左翼が担ふ運動だと思ってしまひがちでしたが、昭和天皇は、終戦の詔勅に「敵は新ニ残虐ナル爆弾使用シテ」とあるやうに、原爆の非人道性を明確に仰ってゐたのでした。

人民は「おほみたから」との訓で『古事記』や『日本書紀』に使はれてゐますが、我らにはジンミンと読んで、社会での被抑圧者だと自認して自己主張する人間像が浮んできます。人民がいつごろ訓読みから音読みの世界へと意味を転換したのか承知してゐませんが、現憲法の理念だといふ「専守防衛」といふ標語も、防衛の任の現場にある人々は勿論、国民にとっても国土を戦場とする「本土決戦」と同義語ではないでせうか。

このやうな言葉による誤魔化しが社会に猖獗してゐるのです。率直に述べられた陛下のお言葉を学ぶことで私共はまさに正気に帰るのだ、と打越氏の指摘で気づかされます。

4　人民共和国の崩壊

昭和天皇の崩御は平成元年（一九八九）の正月でしたが、その夏にハンガリーを経由して東独の国民が大量に鉄のカーテンの外に脱出します。東欧の人々にとって、共産圏内の移動は比較的自由でしたので、大量の東独国民がハンガリーのオーストリア国境付近で夏のキャンプに集りました。キャンプとはもちろん表面上で、集った人の圧力でやがて国境が開くといふ噂が広ってゐたのです。つひに国境は開かれ、多数の東独国民が自由な世界に移ることができました。ベルリンの壁の崩壊は、その年の冬です。ルーマニアでは同じ時期に内戦が起ります。そして、その二年後にソ連邦が消滅しました。

昭和天皇崩御に応じたかの如くに東欧共産党政府が相次いで崩壊し、その時間的符合を思ふと、上皇陛下が「時」の御製で「大いなる世界の動き始まりぬ」とお詠みになったのは、欧洲の共産党一党独裁政権が相継いで倒れた新しい時代といふことに相違ないと確信されてくるのです。

上皇陛下は、平成十二年のお誕生日の記者会見で、今世紀の印象に残る出来事を二つあげてをられました。二度の世界大戦といふ戦争の悲劇があったこと、そして「ベルリンの壁の崩壊とそれに続くソビエト連邦諸国の独立」でした。

ベルリンの壁の崩壊と、それに続くソビエト連邦諸国の独立も、今世紀における印象深い出来事であったと思います。この出来事により、戦後から長く続いた冷戦が終焉し、それまで秘密に覆われ、他からうかがい知ることのできなかった世界の大きな部分が外に開かれました。世界の多くの国々が、互いに理解し、交流し合える基盤がこのようにして作られたことは、極めて意義深いことであったと思います。平和な国際関係も良好な地球環境も、このような基盤があって達成されていくものと考えます。

私は、チャウシェスク政権下のルーマニアに四年、共産主義下のポーランドに二年の生活の間、息抜の気分転換と生活物資の買出で西ベルリンへ出ました。その時、ベルリンの壁を高架鉄道から下に眺めながら越えてゐました。壁は東側から見ると崩壊など想像もできない要塞でした。平成元年暮にそのベルリンの壁の崩壊といふ大事件が起りました。

平成十四年の中欧諸国御訪問に際しての陛下の御姿勢には、御即位十年そして十二年の時点でのお立場と微塵の揺らぎもありません。御出発を前にしての記者会見の記録には、以下のやうにあります。

（問）訪問国のうち、ポーランド、ハンガリー、チェコは一九八九年から九〇年にかけての「東欧革命」を経て、新しい政治体制を実現させましたが、天皇陛下はこの歴史をどのようにご覧になって、いらっしゃいますか。

（天皇陛下）第二次世界大戦では、ポーランド、ハンガリー、チェコスロバキアは日本と同じく大きな被害を受けました。ただ、日本は、戦後すぐ復興に取り組むことができましたが、ポーランド、ハンガリー、チェコスロバキアは、ソビエト連邦の支配下に入り、厳しい統制の下で戦後の歩みを始めなければなりませんでした。

チェコスロバキアのマサリク外相の不明の死は、私の当時の記憶に残っております。その後、一九五六年のハンガリー動乱、一九六八年の「プラハの春」自由化運動など、ソ連支配下の一党独裁体制に対する反対の運動が行われましたが、成功しませんでした。今日につながる動きとしては、一九八〇年のポーランドの自主的労働組合「連帯」

の発足に始まると思われます。そして、一九八九年の秋、ハンガリーが東独から西独への人々の出国する道を開いたことが、やがて、ベルリンの壁の崩壊につながり、各国における民主主義と自由への歩みを確かなものにしていきました。

私自身、東欧が変わりつつあることを実感したのは、一九八九年昭和天皇の大喪の礼にハンガリー国シュトラウブ幹部会議長が参列されましたが、その方が共産党員でないことを知ったことでした。昭和天皇はこの世界の大きな変容を見ずに亡くなられたことを、時々残念に思い起こしています。

私は、多くの苦難の道のりを越えて今日を築き上げたこれらの国々の人々が、今後とも民主主義と自由を享受しつつ、幸せに発展していくことを願っております。

質問は、陛下に向ひ、当世ジャーナリストが好む歴史認識を問ふ不躾なものですが、お答へは、一党独裁体制、ベルリンの壁の崩壊等々、ともすると政治用語としか理解されない言葉が見られます。にも拘らず、淡々と事実が語られてゐる静かな語調が印象的です。その中に、昭和天皇はこの世界の大きな変容を見ずに亡くなられたことを、時々残念に思い起こしています。

といふ一節がありました。「昭和天皇に見ていただきたかった」との御心から、昭和天皇御自身が「大いなる世の始まり」を望んでをられたのだと理解できるのです。そして、御製の「大いなる世界の動き」が何であるか、想像がついてまゐります。

二、外国御訪問時のお言葉

1　天皇陛下とお言葉

ポーランドの大統領主催晩餐会での陛下のお言葉は、先方の関係者の日本との個人的な繋りにお触れになり、次に相手の国のアイデンティティー、その国を支へてゐる核心にさりげなくお触れになって、その相手国の独得の文化伝統が世界的にいかに重要であるかといふことにも言及され、そして日本との関係について述べられる、といふ構成であることが拝されます。

陛下は各地に行幸なさる時、その地域のことを精緻に勉強され、周到な準備をなさってをられたと仄聞します。陛下のお言葉を読むと、そのことが如実に分ります。外国の場合は、その国の人が一番大事にしてゐる事柄、それを聞けばその国の人が自分を理解してくれてゐると一番喜ぶ言葉が必ず見られるのです。

例へば、第Ⅲ部で言及したやうに、タイ王国には「水に魚あり、田に米あり」といふ成句があります。一見すると、何のことはない普通の言葉なのですが、これは、今から七百年以上前、タイ文字を作ったとされる王様の詩の碑文の一節で、タイの誰もが知ってゐる国の理想を表現した言葉なのです。簡単なタイ語で、外国人でタイ語を勉強する人が憶えるフレーズです。これを言ふと、タイ人は喜んでくれます。陛下のお言葉にはきちんとそれが入ってゐました。その絶妙さに感嘆するばかりです。

陛下のお言葉は、皆さんが海外旅行をする時に、その国の根幹を知るために読んでいただきたいガイドブックとして勧めたいのです。陛下が御訪問になった時のお言葉を拝読すれば、その国に日本人としてどう向き合へばよいかのヒントが得られます。さういふ経験を私はしてまゐりました。ポーランド御訪問の時のお言葉もその例に洩れません。

2　ポーランドの日本研究

ポーランド大統領夫妻主催の晩餐会でのお言葉で、陛下は日本との関係について次のように述べてをられます。

貴国と我が国の人々との間には、様々な交流の歴史があります。貴国においては、八十年以上にわたる関係者の努力によって、ワルシャワ大学を中心とする日本研究と日本語教育が、コタンスキ教授の『古事記』の研究を始め、極めて高い水準に達していると聞いております。また、アンジェイ・ワイダ氏を中心に、両国の多くの人々の協力によって、古都クラクフに「日本美術・技術センター」が設立され、浮世絵を中心としたヤシェンスキ・コレクションも保管、展示されることになりました。今後とも、両国の文化交流の一つの中心として発展していくことを望んでおります。

陛下はこの部分でコタンスキ教授に触れて下さいましたが、私はこのコタンスキ教授の下で仕事をして、その古事記研究の日本への紹介を一手に引き受けてをります。コタンスキ教授は二〇〇五年に九十歳で亡くなりましたが、それ以前に国際交流基金賞を受賞して、両陛下に拝謁してをりますので、陛下はその時既に御存じで、ワルシャワで再会なされたのです。何よりも、お言葉で個人名を挙げてお触れくださったことは、同教授ばかりかワルシャワ大学そして何よりも私自身にとって名誉なことでした。

それから、陛下は「古都クラクフに『日本美術・技術センター』が設立」されたことにも言及されました。そのセンターを作ったアンジェイ・ワイダ監督は欧洲では黒澤明を凌駕するほど有名な映画監督であります。映画好きの人なら知らない人はゐないでせう。共産党支配下において、検閲ぎりぎりの微妙な形で民族の誇りを籠めた映画を作ってきた人で、「自分の映像の人物の感情表現の模範は写楽にある」と明言してゐる芯からの親日家でもありました。東日本大震災の時「恐るべき大災害に皆さんが立ち向かう姿をみると、常に日本人に対して抱き続けてきた尊敬の念を新たにします。その姿は、世界中が見習うべき模範です」と書き起こした長文の激励の言葉を寄せてゐますので、抜粋いたしませう。

ポーランドのテレビに映し出される大地震と津波の恐るべき映像。美しい国に途方もない災いが降りかかっています。それを見て、問わずにはいられません。「大自然が与えるこのような残酷非道に対し、人はどう応えたらいいのか」／私はこう答えるのみです。「こうした経験を積み重ねて、日本人は強くなった。理解を超えた自然の力は、民族の運命であり、民族の生活の一部だという事実を、何世紀にもわたり日本人は受け入れてきた。今度のような悲劇や苦難を乗り越えて日本民族は生き続け、国を再建していくでしょう」……日本は私にとって大切な国です。……天皇、皇后両陛下に同行してクラクフを訪れた皆さんは、日本とその文化が、ポーランドでいかに尊敬の念をもって見られているか、知っているに違いありません。／二〇〇二年七月の、あの忘れられないご訪問は、私たちにとって記念すべき出来事であり、以来、毎年、私たちの日本美術・技術センターでは記念行事を行ってきました。／日本の皆さんへ。／私はあなたたちに思いをはせています。この悪夢が早く終わって、繰り返されないよう、心から願っています。この至難の時を、力強く、決意をもって乗り越えられん

ことを。（産経新聞、三月二十五日）

上皇陛下、上皇后陛下の御訪問の余薫がここにも見えますが、「私たちの日本美術・技術センター」とは陛下のお言葉にあった「日本美術・技術センター」のことです。お触れくださったヤシェンスキは十九世紀中頃にフランスにゐて、浮世絵などをゴッホやマネらが模写したジャポニスム（日本趣味）の影響を受け、四千五百点にも及ぶ浮世絵や根付けをはじめ日本の工芸作品を収集した富豪です。彼は自らを北斎漫画になぞらへて「manggha」（マンガ）と名乗ったので、このセンターも「manggha」と通称されてゐます。ワイダ監督は念願叶って同センターを作り、開所式は高円宮御夫妻の御臨席を得て行はれ、その後、両陛下の行幸啓の栄に浴したのです。

先の大戦で、ソ連軍によってポーランド将校ら約二万二千人が謀殺された「カチンの森事件」といふ事件があって、ソ連はこの事件をナチスの仕業だと言ひ続けてきました。ワイダ監督は、晩年、その事件を題材にした映画「カチンの森」を作ってゐますが、同氏の父はそこで殺された将校の一人だったのです。

3　ゼノ修道士生誕地の教会に掲げられた陛下のお言葉

また、陛下は続いて次のやうに述べてをられます。

一九三一年から数年にわたって、我が国の長崎で人々のために力を尽くされたコルベ神父を忘れることはできません。その生涯は、コルベ神父に従って我が国を訪れ、その後五十年以上にわたって、終生を我が国の戦災孤児の救済などに捧げたゼノ修道士の一生とともに、今も、折に触れ、日本の人々に思い起こされております。人生の最後の瞬間まで博愛の精神を貫いたコルベ神父や、当時の筆舌に尽くし難い苦難の中で命を失った数知れない人々に思いを致す時、あのような悲劇が、人類によって、二度と再び引き起こされてはならないとの切なる思いを新たにいたします。

コルベ神父とは、第二次世界大戦の前に長崎で五年ほど布教活動をし、帰国後、アウシュビッツで若い男がガス室に入れられようとして泣き叫んでゐる時に、身代りになると申し出て、人一人がやっと立てるほどの狭い煙突のやうな中に入れられて、立ったまま一切食事も与へられず、人体実験台にされて他界したローマカトリック教会の神父です。助けられた人は、生きて故郷に帰っても二人の子は死んでゐました（曽野綾子『奇蹟』文春文庫、昭和五十二年「第六章　生き残った人」）。コルベは、ポーランドの英雄で、どこの教会にも祭壇があり彼の写真がありました。今は聖人に列せられてゐます。そのコルベ神父と一緒に長崎に来たのがゼノ修道士で、彼は長崎で原爆に遭遇し、日本で生涯を終へてゐます。

私は、ワルシャワから北に約二百キロほどの森の中の田舎村の家族と縁が生じ、今でも家族同様の交流をしてゐますが、ポーランド滞在中、当初はそこがゼノ修道士の生誕地だとは知らずに、季節毎の祭りがあると訪ね、お世話になってゐました。体調が悪かったりすると、予約もなしに出かけて休んだりしてゐました。「珍しい外人がゐる」と村の中で評判だったやうです。その田舎の教会で、日本人を見つけたと驚喜した老婆に手を取られ、コルベの祭壇の前に連れて行かれ、「これは私の兄だ。日本にゐる」と叫ばれたことがありました。発せられた言葉は理解できても、言ってゐる内容が現実離れして、困惑してゐると、側にゐた人が老婆の言ふのはコルベ神父ではなくゼノ修道士だと教へてくれました。私が滞在してゐた田舎はゼノさんの故郷だったのです。

その後、この村の教区の教会にコーヒーや紅茶を飲まず、日本茶ばかり飲む神父さんが着任しました。この方は「この村には日本で偉大な業績を遺したゼノといふ人物が生れた地だ。彼を顕彰することによって地域の子供の教育を果したい」といふ抱負を抱き、ゼノ修道士生誕百年の一九九九年に教会の境内の入口に大きな銅像を建てました。「ゼノの無限の愛」といふ日本語も刻まれた石の台座に、日本人とおぼしき男子とポーランド人の女子に挟まれたゼノ修道士が立つ像です（**写真上**）。その建立式をかねたゼノ百年祭が、日本の大使や地域の高僧なども列席して、県と教会の主催で盛大に行はれました（**写真下**）。私も二十分ほどスピーチをしましたが、スピーカーで流された訛りの強い時々理解不能な外国人のポーランド語に興味をもった七百人ぐらゐの村民

で教会は埋め尽されました。

その三年後、両陛下のポーランド御訪問があり、大統領夫妻主催晩餐会で陛下がお言葉で「ゼノ修道士」に言及されました。かねてより村人とくに子供たちに、郷土の英雄ゼノは日本の天皇から勲章を得て表彰されてゐると言ってきたことが証明されたこともあり、その喜びは尋常ではありませんでした。そこで、銅像だけでなく、さらに、教会の境内の小さな小屋を「ゼノ記念日本館」と命名して、児童教育の拠点としようと考へました。その記念館は、部屋が四つあり、郷土の昔の生活ぶりを伝へる民俗資料の展示室、ゼノ修道士の功績を称へたり日本のことを知るための資料が置いてある図書館、ビデオなどが置いてある研修室、そしてもう一つが「日本の間」です。そこには、日本のカトリック系のボランティア団体の協力を得て寄贈された着物や人形、茶碗、焼き物などいろいろな日本の小物を特製のケースを作って陳列してあります。

この「日本の間」には両陛下のお写真とここで紹介してゐる陛下のお言葉全文が日本語とポーランド語で掲げられてゐます。神父さんが自ら両陛下のお言葉とお写真を掲げて、

右上の大統領夫妻主催晩餐会でのお写真にあはせ、日本大使館提供の両陛下のお写真が並べられてゐる

ポーランドの子供たちに、陛下のお言葉を見せてゐるのです（**写真**）。子供たちは、そこで、両陛下のお言葉から祖国ポーランドと日本との縁を知るのです。

ところで、湊川《みなとがは》神社刊行の冊子『大楠公』の巻末の年譜の昭和三十一年六月六日の記録に「戦後の混乱期に社会福祉に貢献したゼノ修道士（ポーランド人ゼノ・ゼブロフスキー）参拝」と記載されてありました。社頭での礼拝ではなく、記帳して昇殿しての参拝だったから記録に残ってゐるのでせうか。ゼノの人柄を示す一齣として言及しました。

両陛下の御訪問を機に、ポーランドの片田舎で生じたこの出来事から私は、陛下が御訪問になった国では、思はぬところで思はぬ現象が起ることを体験したのです。

ゼノの生涯を通して地元の子供達の教育をするといふ神父の抱負は、健常者に限らず、身心にハンディのある児童の更生施設の「ゼノ記念特別養護学校」の誘致を達成させました。水泳プール、ジム、陶器制作施設等々の充実した設備のあるその学校の開校式は、着任直後の田邊隆一日本大使御夫妻の臨席を得て、二〇〇六年に盛大に行はれました。校門にはゼノ修道士の胸像が、校内にはポーランドと日本の国旗が掲げられてゐます。上の写真は、二〇一九年十月に私が訪問した折の式典の場面です。

　陛下の外国御訪問は両国の関係祕話が生れる機縁となってゐるのです。隠れた美談は、おそらく他の国でも生じてゐることと思ひます。

4　報道された美談――日本赤十字社のポーランド孤児救出

両陛下のポーランド御訪問を機に、過去の麗しい交流祕話が発掘され、関係国と日本の政治経済情勢に左右されない永続的な交流の種が蒔かれるのです。

ポーランドは十八世紀末、ロシア、プロイセン、オーストリアの三国によって分割され、その後一世紀以上国家が消滅してゐました。数万のポーランド人が、ソビエト政府により流刑で送られたり、難民になったりして極東シベリアに住むやうになりました。しかも、一九一七年のロシア革命後の内戦で避難民が急増し、極東シベリアのポーランド人はとうとう十五万〜二十万に膨れ上がったと言はれ、過酷な生活で多くの孤児が生れました。

孤児の惨状を知ったポーランドの篤志家が救済委員会を造り、親がゐない子、瀕死の親から「祖国の誇りをもち、幼子の世話を忘れるな」と言はれて家族と別れた子などを預り、九百名の孤児をウラジオストクに集めたのです。何とか集めたものの、しかし、アメリカへ送る計画も順調でなく、安全な地へ送ることができないままでした。

そこに手を差し伸べたのが日本赤十字社でした。これは日赤が発足して最初に国際的に人を救助した事業として記録されてゐるさうです。この時、ポーランド救済委員会の依頼があった十七日後には日本政府は入国許可を出してゐます。非常に素早い対応でした。

軍船による五回の輸送で総計七百六十五名の孤児が来日しました。二歳から十六歳の子供たちで、着るものはぼろぼろ、裸足がほとんどで、栄養失調や病気の子もゐました（**写真**）。ウラジオストクから敦賀に着き、大阪など滞在地で大歓迎され、東京では貞明皇后が行啓され子供たちを励まされたこともありました。結局、七百六十五名全員が祖国ポーランドへ帰ることができました。関係者ではただ一人の犠牲者がありませんでした。

ウラジオストク港での敦賀出発前の写真（大正９年〈1920〉
写真提供＝資料館「人道の港 敦賀ムゼウム」）

ました。孤児から腸チフスが伝染した二十三歳の日本人看護婦松澤ふみさんでした。

両陛下の御訪問を機に、この美談が明らかになりました。両陛下はポーランド元孤児と御対面くださったのです。この対面は、「日本の善意にお礼を述べたい」といふ元孤児の切なる願ひによって実現し、日本の新聞でも一斉に報道されたのです。多くの日本人が知らなかった日本赤十字社がポーランドの孤児を救出した事実が、両陛下のポーランド御訪問を機に、日頃、日本の美談を報じない日本の新聞に報道されることとなったのです。

日経新聞は、その対面の三日前の七月十日に天皇、皇后両陛下が到着され、歓迎ムードが広がるポーランドで、両陛下の訪問に特

東京での孤児たちの様子（大正９年〈1920〉写真提供＝資料館「人道の港 敦賀ムゼウム」）

別な思いを寄せるポーランド人がいる。八十年前にロシア革命直後のシベリアで多くの同胞が難民となる中、日本赤十字社の救援を受け大阪で暮らした体験を持つ。「日本の善意にお礼を述べたい」と、両陛下の滞在中、感謝の気持ちを伝える。

といふリードで、次のやうに報じました。

この人はヴァツワフ・ダニレヴィッチさん（91）。ダニレヴィッチさんは帝政ロシアの支配に抵抗してシベリアに流刑になったポーランド人の末えい。七歳の時にロシア革命が起き、内乱と食糧難で生活は困窮していた。／転機が訪れたのは一九二二年八月。十一歳の時だ。日赤が人道的見地からポーランド人の子供を日本軍の船でウラジオストク経由で敦賀に移送。大阪で約一カ月手厚く看護し、ロンドン経由で祖国に送り返した。／「君が代と『モシ、モシ亀よ』は今でも歌えます。慰問の人に菓子や玩具をもらったり、動物園でゾウを見たり……。楽しい日々でした」。着物を着て、蚊帳で寝た異国の記憶は今も鮮明だ。／神戸港から帰国する際の感動的な情景が日赤の記録に残っている。「児童乗船スルヤ惜別ノ情切ナル…君カ代高唱シ又ハ『有難トウ』ト謝辞ヲ述ヘツツモ涙ヲ浮へ…」。帰国船の甲板で一緒に鬼ごっこをした日本人船員の優しさも忘れ難い思い出だという。／「恐れ多いことですが……」とダニレヴィッチさん。祖国に帰還後、ボーイスカウトのヨットを「サダコ」と命名した。孤児に下賜金を送られた貞明皇后の名前をいただいたのだ。／「祖国で第二次大戦を生き残り、なんとか生をまっとうできたのは日本の援助のおかげ。子供や孫にはこの気持ちを伝えてきましたが、両国の若い世代が真の友人となれるような関係を築いてほしい」。ダニレヴィッチさんは、こんなメッセージを寄せている。／ワルシャワの日本大使公邸では十二日にレセプションが開かれ、ダニレヴィッチさんも招待されている。皇后さまはかつて命を救ってくれた日赤の名誉総裁。「もしお話しする機会があれば、ひと言『ありがとう、日本万歳』とお伝えしたい」と話している。

両陛下にポーランドでお会ひできた元孤児と関係者は生存者も少く、僅か三人だけでした。その対面の様子を伝へた記事から抜粋して紹介します。

東京新聞十二日＝約八十年前に抑留先のシベリアから日本赤十字社などによって救出され

た恩義を忘れず、三年前に皇后さまあてに感謝の手紙を出していたポーランド人の元孤児、故ヘンリク・サドスキさんの妻アリナ・サドスカさん……ポーランドを訪問中の皇后さまがサドスキさんが昨年秋に亡くなったのを知り、遺族に謝意を伝えたい意向を関係者に示されたことから、急きょ、対面が実現することになった。／サドスキさんは三年前に公演のため来日したポーランドの児童合唱団の関係者に皇后さまへの手紙を依頼。その後、皇后さまからは「お手紙ありがとう。どうぞ健やかに過ごされますように」と関係者を通じてサドスキさんに伝えられたが、サドスキさんは昨年秋、九十一歳で亡くなった。／皇后さまはポーランド入りした十日……関係者に「私から『(サドスキさんからのお手紙は) 確かにお受けいたしました。誠にありがとうございます』ということをご遺族にお伝えください。サドスキさんは亡くなられてとても残念に思います」と話されたという。

東京新聞十三日＝……アリナさんは「皇后さまからは『(ご主人からの) 手紙の中身についてはよく知っています』とのお言葉がありました。主人は日本は第二の故郷だとよく話していましたが、主人の代わりに出席させてもらって大変光栄です」と語った。

読売新聞十三日＝両陛下から当時の苦労を問われた三人は、「日本の援助のおかげで生きてこられた」「シベリアでは空腹だったけれど、日本ではとても温かいもてなしを受けた」と感謝の気持ちを伝えた。ダニレビッチさんは皇后さまの手をずっと握ったまま、父親がシベリアでボリシェビキ（ソ連共産党）に殺害されたことなど身の上話をした。／懇談後、そろって記者会見した三人は、幼心に覚えた「もしもし亀よ」を合唱し、「おとぎ話を聞かされたこともはっきり覚えています」と口をそろえた。最高齢のノビツカさんは両陛下との初対面を「雲の上にいるような感じだった」と言葉にした。

毎日新聞十三日は、対面の経緯を伝へる面の他に、社会面でも次のやうに報道しました。

……両陛下は、足の不自由な3人に座るように促し、一人ずつゆっくりといたわりながら話を聞いた。／……その中の一人リーロさんは、戦火を逃れて両親とウラジオストクへ移ったが、粗末な布をまとう過酷な生活で、姉と兄と船で日本に渡った。リーロさんは6歳だった。／当時、皮膚病のため全身にかさぶたができ、包帯をぐるぐる巻きにしていた。リーロさんは「でも看護婦さんは私の頭を『かわいい、かわいい』とやさしくなでキスしてくれたんですよ」と振り返る。帰国後、ドイツ占領下でユダヤ系ポーランド人の男の子をかくまって育て、イスラエル政府から「諸国民の中の正義の人賞」を授与された。／リーロさんは「男の子をかくまったのは、日本人に助けられたお返しの意味もあった。日本人はハートフルだった。両陛下に会ったことを、孫たちに語りますよ」と表情を崩した。

日経新聞七月十三日＝「感激で胸がいっぱいです」――。ロシア革命直後のシベリアでの難民生活を日本赤十字に救助されたポーランド人元孤児の存命者が十二日夜（日本時間十三日未明）、同国訪問中の天皇、皇后両陛下と対面。約八十年前の日本の善意に感謝の気持ちを伝えた。……祖国を分割されシベリア流刑にあったポーランド人の末えいで、いずれも一九二〇年から二二年にかけて飢餓などで困窮していたところを日赤が救助。ウラジオストク経由で日本にわたり、手厚い看護をうけたうえ祖国ポーランドに帰還した。／「父はボルシェビキに殺害されたが、自分は日本に助けられ祖国の土を踏むことができた」――。ダニレヴィッチさんは皇后さまの手を握りしめ、感謝の気持ちを伝えた。／リーロさんは、第二次大戦中、ユダヤ系ポーランド人の男児をかくまい、九九年にイスラエル政府から賞を受けた。……／ノヴィツカさんは「今後数カ月は両陛下に会えた感激でぼんやりして過ごすことになりそう」と話していた。三人は「もしもし亀よ……」と日本滞在時に覚えた童謡も披露してくれた。

朝日新聞十三日＝……約80年前、革命軍に追われた20万人近いポーランド人がシベリアに移った。「子どもだけでも帰したい」との願いを受けた日赤は、16歳までの765人を救済した。他界した人も多いが、日本への感謝の気持ちを伝えたいという元孤児らの希望で、対面が実現した。／バツワフ・ダニレビッチさん（91）は、皇后さまの手を両手で握って離さなかった。22年夏、3人の姉弟と大阪へ。約2週間滞在し英国経由で帰国した。「今、生きているのは日本のおかげ。お礼の意味を込めて手を握った」と話した。／アントニーナ・リロさん（86）は、天皇陛下に「日本での滞在はハートフルでした」と語った。

シベリアでの孤児の放置を明らかにするのは、共産党の支配下ではソ連の汚点でもあり、できなかったやうでした。民主化後、元孤児ヘンリク・サドスキさんは日本に感謝したい気持を抑へきれずに皇后陛下に感謝の手紙を出したのです。両陛下御訪問の三年前のことで、御訪問のことはまだ公にされてゐなかった頃でせう。生きてゐる内にお礼がしたい一心で、国母の皇后さまに手紙を書いたのです。その心は通じたのでした。皇后陛下がその手紙に言及くださって、対面の機会の設定が促進されたのでした。上皇后陛下のお心遣ひの深さと周到さ、お優しさにはただただ感嘆するばかりです。

かうして、日本が救ったシベリアのポーランド孤児の美談が、明治以来敗戦までの日本をよく書かない日本の新聞に報道されたのです。かういふ史実があらゆる新聞に載ったのは、やはり両陛下が訪問してくださったお蔭であると、切に思ふのです。

半世紀以上の孤児救済の調査報告「ポーランドのシベリア孤児救済」(松井嘉和編『中欧諸国の日本人と日本語』大阪国際大学、私家版、平成二十年)がある松本照男氏は、共同研究者タイス (Wiesław Theiss) 教授と共に集めた資料を孤児達が初めて踏んだ日本の地・敦賀市に寄贈した。同市には、この事業やナチスの迫害から遁れるユダヤ人を救った杉浦千畝の業績を顕彰する「人道の港　敦賀ムゼウム」が建てられてゐる。

5　お言葉集『歩み』を戴いたポーランド人日本研究者

この両陛下のポーランド御訪問に関連し、私の身の回りでも、後日談がありました。ワルシャワ大学の学生が五人、皇后陛下の前で日本語でスピーチをしました。最後のスピーチは学習院女子大学に留学して弓道をしてゐた女子学生で、皇后陛下が大変興味をお示しくださり、学生との懇談は予定時間を大幅に延長して、大学の関係者は大変感激してゐたさうです。この話を私に伝へてくれたのは、コタンスキ教授の弟子で私と同窓生とも言ふべきA先生でした。

そのA先生が、一年間の日本留学の奨学金を得ました。東大の専門の先生が指導役となりましたが、受け入れの事務的なお世話は私がしました。そんな彼女が滞日中のある時、侍従の方から「秋にお帰りと聞いてをりますが、お時間あるでせうか、皇后陛下がお会ひしたいとのことです」との連絡を得たのです。私にどうすればよいのかと相談があり、何があらうともお受けせよと励ましつつも、礼を失しない対応はどうするか、大童でした。

なぜ連絡があったのか、穿鑿など不要で、得難い僥倖と受けとめればよいのですが、二人で推測しました。A先生の父は著名な詩人で、どうもその親友がアメリカに亡命した後、来日し、聖心女子大学で上皇后陛下の英語の先生だったことをワルシャワ大学で聞いて憶えていらっしゃったらしく、招聘機関の広報にA先生の名が載って、留学中だとお知りになった模様で、帰国の前にぜひ一度と彼女はお招きにあづかりました。「日本の国母にお招きいただいた」と今の日本人が忘れた言葉を使って感激してゐたことも私の思出です。お茶の席は公務のため十五分ほどの時間になったとのことでしたが、上皇后陛下から『歩み』といふお言葉集を戴いてきました。

御訪問先で僅かな時間御一緒された人をも忘れず、時間を割いて御心を配ってくださる上皇后陛下の超人的な記憶と人への御配慮にただただ頭の下がる思ひがするばかりでした。

おわりに

をはりに

ワルシャワ大学のコタンスキ教授に招かれるまま、昭和四十八年冬、言葉も歴史も知識のなかったポーランドへ渡った。大学院生として英語で学習するか、大学入学予定の外国人のためのポーランド語課程に通ふかの選択肢を示された。国の文化を知るには言語の知識が不可欠だからと、後者の学校に入学し、週五日毎日五時間の授業に八箇月間通った。ソ連の軛《くびき》の下、貧窮ばかり実感させられる国が、外国人を招いて自国語を教へる体制を整へてゐて驚嘆した。一党独裁国家が異国人に自国語を教へるのはスパイ養成だと言はれたこともある。今、世界中の大学に附設された中国の孔子学院はその種の機関だと漸く気づかれてきたが、ポーランドでは、愛国心をかざされても、陰鬱な圧迫感は感じなかった。

私のクラスに北鮮の若者が二人ゐた。年長者は明らかにもう一人の監視役だった。教室で初老の先生が、「ナチスだけではなく、ソ連も攻め込んできた」と語り出した時があった。すると、無口で朴訥な年長者が「社会主義の同志の国がそんなことをするはずがない」

とその発言を難じた。先生が無知をたしなめたが、なほ「あり得ない」と言ふ態度に、日頃温厚な先生が呆れて顔を赤らめ怒り出した。忘れられない教室での一時となってゐる。

帰国後、国際交流基金が海外に派遣する日本語教師養成のために設けた講座を受講し、ルーマニアのブカレスト大学へ派遣された。ポーランドと同じく人民共和国を標榜する一党独裁の国でも、社会事情は共通点を見出し難いほど異なってゐた。人為的な社会制度より歴史と伝統が社会の独自性を作ってゐる現実を実感させられ、言葉の背景にある文化を意識して日本語教育に当り、自分自身の文化に対するきちんとした視点をもつ必要性を感じた。その時、日本古代史の泰斗坂本太郎氏が昭和三十年代に書かれた「日本歴史の特性」（講談社学術文庫の同名の書に再録）に出会った。そこには、連続と一貫性そしてそれを保ちながら異質な存在を容認してゐる重層性、さらに異文化を消化吸収してきた生命力の三点が指摘されてゐた。日本に移入された異文化世界で生まれた漢字が大陸のそれとは異質の日本語の文字となってゐるといふ認識が補強された思ひで、わが確信となった。

坂本博士は、その一文で、連続の文化の象徴は万世一系だと明言してゐる。その明確な指摘で、天皇の御存在とその歴史が日本文化そのものだとの思ひも確信されてきた。課題として直接に取りあげることは殆どなかったが、天皇について学習者から屢々問はれ、確かな解答を与へるためにきちんと把握して理解しておく必要に迫られた。タイへ赴任して、王国の即位式の研究を週末毎の課題と為し得たのもそんな感覚からである。

昭和五十九年、派遣されたタイの大学には日本留学中に助けた縁のある知人がゐた。彼女は、日本を「かみの国」と捉へて、留学生活の経験を『ほとけの国とかみの国―P・カンチャノマイの滞日記』(西川和子訳、創世記)の題名の書にまとめた。

その後、国際交流基金日本語国際センター創始に関って教育体制を策定した。その職場の三笠宮御夫妻の台臨を得た開所式で高円宮殿下と初めて言葉を交す機会を得た。平成元年の秋だった。出勤すると、既に殿下がをられ、「今日はよろしく」との御挨拶をされて仰天した。殿下は裏方のお一人として式の進行を御担当されてをられた。式典で、皆、名札をつけてゐた。しかし、殿下にはなく「自分もつける」と言はれた。私は「直ぐに作りますよ」と言ひ、ワープロの前に坐って「高円宮」と打った。でも、指は止った。お名前が頭に浮んでこなかったのだ。もたもたしてゐると、後《うしろ》から、「ノリヒトです」の一声が聞えてきた。「ＮＯＲＩＨＩＴＯ」と打込んでもお名前が漢字で出てこない。「宮様の名前ぐらゐ変換しろ」などとひとりごちて機械に怒りをぶつけてゐると、さらに「変な名前ですみません。憲法のケンです」とのお声が聞えてきた。言はれる通り憲法と打ち出して「法」の字を消すなどと慌てふためきながらも「高円宮憲仁」と画面に出すことができた。だが、字の大きさを調整しなければならない。さらにもたついてゐると、とうとう「私がやりませう」とおっしゃられてしまった。私は「では、お願ひします」といふ返答が自然に出てきて、殿下のワープロ操作を拝見することとなった。殿下のお名前が出てこなかったばかりか、進み出て自分でやると言ったこともできなかった私は、「変な名前」と冗談をおっしゃる雰囲気のおかげなのだらうか、恥入る心も消えて救はれた思ひがした。日本人にとって、長上者を家族であっても固有名詞で呼ぶことはめったにないのだから名前は知らなくてもいいではないか、と合理化して自己正当化したい気持が肯定された気になって、萎縮せずに済んだばかりか、うれしくありがたい思出となってゐる。

右の自己正当化の理窟が心に浮かんだのは、日本語教育の場で、日本人が他人を呼ぶとき、ぢいちゃん、おかあさん、姉さん、先生、課長とか固有名詞を使はない場合は目上だとの認識の表示が伴ひ、固有名詞で呼ぶ場合は目下か極々親しい間柄の場合だ、と教へてゐて、殿下のお名前が意識外にあった自分をその理窟で合理化したくなったからであった。

そして、固有名詞と呼称の関係から、天皇をどう呼ぶべきかといふ問題意識が連想されてきた。『現代のエスプリ天皇制の原像』(至文堂、昭和六十一年)は坂本太郎氏を解答者とした「天皇をめぐるQ and A」に二十三の問題を提示し、冒頭に「天皇家にはなぜ氏姓がないのか」の設問を掲げた。その問題は異国の人々に天皇を語る時の問ひかけとして有効となってゐる。それに対する坂本氏の解答の全文は次の通りである。

氏は先祖を同じくする父系的な血族集団で、その居住の所や職業などを取って名とし、他の血族集団と区別する。天皇家に氏がないのは、他の血族集団と区別する必要がないほどの、図抜けた権威と力とをもった特別の集団であったことの証である。天皇家を古来万世一系と称するが、戦後の学説にはこれを否定し、天皇家の血統にも断絶があったと推測する説がある。この説の成立しない根拠の一つとして、天皇家に氏姓がなかったという事実をあげることができる。もし天皇家の血統に断絶があったならば、その前後の血統を区別するために、双方に氏が伝えられるはずだからである。

なほ、坂本氏は東京の「International Society for Educational Information, Inc.」が昭和五十九年に刊行した『The Japanese Emperor Through History』のための邦文原稿を書かれてゐる。

平成二年、コタンスキ博士が国際交流基金賞を受賞し、高円宮殿下が授賞式の裏方を担ってをられた。私は、主催者に雇用された身だったが、博士の『古事記』研究の日本への紹介者なので、招待される側となって、妻と出かけた。着替へる前に受付をしてゐると、殿下が近づかれてお声をかけてくださった。思はぬ事態に、私共は、「着替へる前で失礼」と言はずもがなの服装の言ひ訳をするだけで、まともな挨拶ができなかった思出もある。

「皇太子をどう呼んでるんですか」と不躾なため口で人が尋ねた場面にゐたことがある。毅然としながらも自然に「皇太子殿下ですよ」と敬意を籠めた語調で言はれた。そのお答へに親しき仲にも礼儀ありといふ格言の軽さではなく、担ってをられる立場と役割の明確な御自覚と責任感を感じさせる厳粛な御姿勢を拝し、深い印象を得た。

職場へお心を寄せてくださった殿下との会話は、私のお粗末な対応で始まったが、その始まりに笑ひ飛ばせる情だけが残ってゐるのは不思議なことだ。今は、この感情は何だらうかと思ふばかりだが、人に接するときの心構へのヒントがそこにあると思はれ、中村紘子氏が皇太子殿下の頃の今上陛下のお人柄を述べた一言が浮かんでくる。

どこかシンとして静かな一貫した情熱のようなものがあり、そしてその情熱が驚くべき自然さでひたすらに他者を肯定的に理解しようとする誠実さとしてたちあらわれるのだ(「週刊文春」平成五年一月二十一日)。

抽出したこの短い表現とくに私が傍点を付した言葉に見える中村氏の観察と「ひたすらな他者肯定」を感じ取って結んだ表現には共感を禁じ得ない。まさしく皇室の伝統ではなからうか。高円宮殿下にもその姿勢が一貫してをられたのだ。

日本語国際センターでは、高円宮殿下の御尽力で英国から御帰国後の皇太子殿下の行啓を得た。その一日は忘れ得ぬ思出となってゐる。その後、私は、日本語能力試験の「出題基準」の作成や十年前に再編された同試験の準備などを担った。同試験は、現在、全世界で八十ほどの国と地域で受験生は百万人を優に超えて実施されてゐる。

大阪国際大学では、生活に苦労する私費留学生が大半で、東アジアの人々の倫理観が日本人と別種なのだと痛感させられてきた。勤勉な留学生でも、目的に正当性を附与することができれば、いかなる手段も正当化される、といふ前提で依頼や主張をしてくる言動に何度も直面した。中国の現地に赴いて留学生受入の協定を結んだ高校の推薦者のビザを申請したところ、複数の応募者の旅券偽造が発覚し、大学が入国管理局から懲らしめられたこともある。彼らには履歴書の不実記載に対する罪悪感すらなく、私は、卒業証書は校門の前の業者が作ってくれる、と言ひたくなってゐた。

そんな苦労もあったが、大学からは日本語教材や中欧諸国の日本研究の報告書を刊行する援助を得てきた。中でも拙著『日本語学習者のための日本文化史』は、大学と提携するトルコの大学の日本研究者が翻訳し、豪華な日本案内書として刊行してくださった。

縷々自分の体験を語ったのは、本書が、私の実体験で得られた知見の披瀝で、その内容の背景を知っていただきたいと思ふと同時に、それ故に、この二十数年来、講演など様々な機会に述べてきたままの再説が目立つことに御理解を願ひたいからである。

本書の第Ⅰ部は、大倉精神文化研究所『大倉山論集』(第六七輯、令和三年三月) の論文を随想風に書き直した文章である。そこにも本論にも『古事記』から「人間の情意を学んだ」といふ夜久正雄氏の言葉を掲げて、私の『古事記』に向ふ姿勢の表明とした。

一方、三島由紀夫氏は『古事記』について、昭和四十四年に

晴朗な無邪気な神話として読むことはできない。何か暗いものと悲痛なもの、極度に猥褻なものと神聖なものとの、恐ろしい混交を予感できずに再読できない

と書いてゐる(『日本文学小史』講談社、昭和四十七年)。それは、本書で問題とした『古事記』が世界生成を生殖活動に見てゐることの問題でなく、合理化の知性を玉条とする近代思潮の中で清朗な神道の世界に生きる困難に向き合はねばならぬ現代人の苦悩の問題で、それを他所にして見逃すことなく向き合った三島氏の告白と読むべきだらう。三島氏は、倭建

命の物語の悲劇性を取り上げ、神人分離と呼んだ詩と政治との完全な分離の象徴的な意味の反映をそこに見て、『古事記』はその分離から生じる悲劇的な文化意志の祖型を示した「恐ろしい混交」の物語だと感じてゐたのだと思はれる。その神代から離れた人の悲しみを予感する厳しい視点からは、本拙論は、人の悲劇に取り組まず、此世をおほらかに肯定する日本の神々の世界に単純に浸った未熟な論述だと映ずるかもしれない。

しかし、右のやうに言った三島氏が、昭和三十一年東京の自由が丘の夏祭りに参加して神輿を担いだ喜びと、その十年後に大和国の大神神社で神山登拝後、色紙に「清明」と認めた事実は無視できない。『大美和』(第百四十号)は、「三島さんは昭和四十一年六月十七日、突然単身、ゆりまつりに参列されました。その後同年八月二十二日、ドナルド・キーンさんと本社大神神社にお見えになり、三晩にわたり参篭されました」と記し、参籠後の宮司への礼状に「大神神社の神域はただ清明の一語に尽き、神のおん懐に抱かれてすごした日々は終生忘れえぬ思い出であります」との一節があったことを紹介してゐる。本著で紹介したやうに、三輪の大神はチェンバレンが英訳できずにラテン語で翻訳した物語の主人公で、そこは三島氏が「猥褻なものと神聖なものとの、恐ろしい混交」と評した物語の霊場とも言へるだらう。その地で感じ取った心境が「清明」の一言に託されたのである。この事実には神道の神祭りのもつ意義が暗示されてゐると感じられてならない。

さう予想する時、神輿担ぎの経験が「清明」の心境と直結してゐることが思はれる。神輿を担ひでゐる人々は「ただ空を見つめていたにすぎず、彼らの目には何の幻もなく、ただ初秋の絶対の青空があるばかりだった」との三島氏の言葉を引いて、戸田義雄氏は、その三島氏の経験の重要性を個人と文化の関りといふ視点から説いて、「神輿を担がせてもらえることが、彼にとっては凄い大事件であったことがわかる。本当に嬉しくてたまらぬことだったたに相違ない。」との感想を傍点を付して強調してまで読者に示された(戸田義雄・永藤武『よみがえる三島由紀夫《霊の人の文学と武と》』日本教文社、昭和五十三年)。

その共著は、「三島由紀夫という稀有の才能は、『天皇陛下万歳』の一声を残し、祖国のために死ねた。この事実をいかに受けとめるべきかにすべては極まる。」との姿勢から、三島氏の出発点からの作品と行動の全体を視野に論じた力作である。神輿担ぎの経験の喜びを語る弾んだ声の録音は、ある出版社に残されてゐるはずである。

三島氏は、神輿担ぎと三輪山の参籠の体験から神人分離の克服の道を見出して、日本の近代社会の神人分離の現状を否定すべく身を捧げたのだらうか。『古事記』に神人分離の陰を感じたとしても、そこにまた神人未分離の世界も読み取ってゐたのではないか。戸田・永藤両氏の著者には明言されてはゐないが、私はそんなことを学び、本論の冒頭で言及したレヴィ=ストロースの講演録の

西洋では、何世紀も昔から、神話と歴史とを区別するように努力をして来ました。検証可能な事柄だけが歴史的考察の対象となると判断されるからです。……もっとも心を打つ日本の魅力の一つは、神話も歴史もごく身近なものだという感じがすることなのです。……伝説の時代と現代の感受性との間に生きた連続性が保たれている。／宇宙論的対立の解決の結果として神武天皇が誕生し、われわれは神話を離脱して歴史にはいることになる。

といふ神話と歴史との連続性の重要性を説く言葉が思ひ出されてゐた。

言挙げにより思想を理解する近代世界にあって、日本は、神代からの神域の保持とそこでの祭祀により、神代と人の代との分離の克服を巧まずして維持してきてゐるのではないか。本書の四篇の拙論の背景には、その問題意識があった。

第Ⅱ部は、二十数年来毎年出講してゐる京都の護王神社弘文院セミナー、さらに公益財団法人新教育者連盟の研修会など様々な機会に語ってきたことを基本にまとめてゐる。自分の母語を外国人に教へる仕事を重ね、言葉が単なるコミュニケーションの道具に留まらず感情の喚起や心の統禦さらに周囲の世界を見る枠取り機能により文化の相違を生んでゐる重要性に気づき、また、日本人の文字の移入の同化の妙を実感し、『古事記』がその自覚的先例であることを学び得ての論である。

第Ⅲ部は、タイにゐて、故国で御代替りの大嘗祭をさせまいとする蠢《うごめき》があることに納得できず、大嘗祭の意義を外から確認するためにタイの即位式を知らうと発心して取り組んだ結果である。「The Siam Society」(王立シャム協会)の会員となり、週末毎にその協会の図書館に通ひ続けた。そこで、過去の即位式の記録映画が見られた幸運も励みになり、本論で言及した「タイの王室と即位式」をまとめた。その小論は、小堀桂一郎先生に言及していただき(「大嘗祭の國際的竝に今日的意義について」『昭和天皇論・續』日本教文社、平成元年)、達成感を味ひ得た思出の論考である。平成十三年から四年ほど出講した皇宮警察学校でその成果を基に儀式の重要性を語ってきた。本論は、その縁で警察内の公開講演に招かれた令和二年十一月八日に話した内容を大幅に改訂してまとめたものである。

第Ⅳ部は、ポーランドの森の中の知られざる親日の村を紹介したくて、京都の八坂神社での「第五十七回全国清々会総会」や「現代神社と実務研究会」の令和元年定例会等の機会ある毎にあちこちで語ってゐる話題で、本書では最新の情況を加へることが出来た。

本書の題名「神国日本」から浮ぶのは『神皇正統記』の冒頭「大日本《おほやまと》は神国《かみのくに》なり」だが、筆者には、第六十回神宮式年遷宮記念論文集『神国の理想』(神社本庁、昭和四十八年)と幡掛正浩『神国の道理』(日本教文社、昭和五十二年)とが浮んでゐる。前者に論文を寄せられた幡掛、森田康之助、戸田義雄、葦津珍彦の先生方には、著書の恵贈を得るなど影響を受けてきた。戸田先生にはポーランド留学はじめ物心両面での助力を得てきた。以上の方々の書名の一言を使ふためらひはあるが、わが国が「Ｇｏｄ」を措定して王の無謬を主張する王権神授説とは無縁の清く明るい神々の生きる宝祚無窮の国だと信ずる筆者の告白である。

わが曽祖父は現在の神道禊教の原形である教派神道の一派の上級神職を担ってゐた。その教祖井上正鐵《まさかね》は、江戸近郊で教化活動を始めたが、雲集する人々に尊皇心を説いて危険分子とされ、三宅島へ流された。医者にして歌や句で人を導いた詩人でもあり、

神世とはふるきむかしの事ならず今を神世としる人ぞ神

の一首も残してゐる。古来、惟神の道を語った人々は「わが国の古来の道は神話の時代と現代とに生きた連続性を見出す道だ」と教へ、それを中今と捉へてゐると学んだ私は、その考へ方をこの一首で確認してゐる。なほ、その井上正鐵は天保十四年の島送りの時の心境を数首の歌に託して弟子達に届け、その中に「おもはしな思ひし事はたかふそとおもひ捨てても思ふはかなさ」がある。西郷隆盛はこの一首を一文字も違はず短冊に揮毫してゐた。平泉澄博士は下野した西郷の「千古の心胸の鼓動を伝へ」る一首と解し、『首丘の人大西郷』(原書房、昭和六十一年)の口絵にその短冊を掲げ、同書を「是の短冊を掲げつつ」

書きあげたと結んでゐる。この事実に、記紀歌謡には作者とされた物語の主人公の作でなく伝承歌だとの指摘や歌が作者以外の人に受容されてその人のものになった歴史が思ひ出され、大西郷がこの歌を自分の歌としてゐたことを知り、和歌の徳《さきはひ》が現《うつつ》に感じられた。かうして、神代は今に続き、今も神代となし得るのだらう。「かみ（神）」といふ語の「Ｇｏｄ」ならぬわが国本来の意味を取り戻したい願ひを抱きつつ、大西郷が幕末の神道家の歌を己が歌とした事実に接して、和歌の徳《さきはひ》がしきりに思はれる。

　茂木貞純國學院大學教授が講演録の拙論を読んで、全国の神職の方々に知ってもらひたい内容だと神社新報社に紹介して出版の労を取ってくださった。その御尽力があり本書は実現した。とくに同社の大中陽輔編輯局長は精緻に原稿を読んでくださり、題名の確定をはじめ様々な助言をくださった。両氏をはじめ関係各位には満腔の謝意を捧げたい。

著者　松井　嘉和（まつゐ・よしかず）

大阪国際大学名誉教授。昭和二十一年東京生れ。四十四年東京外国語大学インドシナ語学科（タイ語専攻）卒業、四十七年國學院大學大学院文学研究科神道学専攻修士課程修了、四十八年から五十年までワルシャワ大学歴史学研究所研究生、五十二年國學院大學大学院文学研究科博士課程単位取得。ルーマニア・ブカレスト大学言語文学部東洋言語学科客員講師（国際交流基金派遣専門家）、タイ・カセサート大学人文学部現代言語学科客員講師（国際交流基金派遣専門家）、国際交流基金日本語国際センター日本語教育専門員主任、東京工業大学留学生教育センター非常勤講師を経て、平成四年大阪国際大学助教授、八年同政経学部教授、十九年国際コミュニケーション学部教授となり二十七年より現職。この間、京都外国語大学非常勤講師、同志社大学非常勤講師、都留文科大学非常勤講師、皇宮警察学校委嘱講師など。主な著作として単著に『外国人から見た日本語』平成五年（一九九三）、『タイ王国における日本語教育―その基盤と展開』平成八年（一九九六）、『日本語と日本人の考え方』平成十三年（二〇〇一）など。共著に『ソ連・東欧における日本研究』国際交流基金・昭和五十九年（一九八四）、『大嘗祭の思想と歴史』日本青年協議会・平成二年（一九九〇）、『日本語学習者のための日本文化史』凡人社・平成七年（一九九五）、『古事記の新しい解読―コタンスキの古事記研究と外国語訳古事記』錦正社・平成十七年（二〇〇五）、『ＥＵと東アジア共同体』萌（きざす）書房・平成十八年（二〇〇六）、『台湾と日本人』錦正社・平成三十年（二〇一八）など。論文に「タイの王室と即位式―その概要と特質」『亜細亜大学アジア研究所紀要』第十三号・昭和六十一年（一九八六）、「漢字の使用法に見られる日本人の考え方」『日本言語文藝研究』第十一號・台灣日本語言文藝研究教育學會・平成二十二年（二〇一〇）、「翻訳本『古事記』に見られる翻訳法と原語の理解」『大倉山論集』第四十九号・平成十五年（二〇〇三）など。

神社新報ブックス　22

世界の『古事記』と神国日本

本体　1,300円（税別）
令和３年４月３日　第一刷発行

著　者　　松　井　　嘉　和
発行所　　株式会社　神　社　新　報　社
東京都渋谷区代々木１－１－２
電話　03-3379-8211.8212
印刷製本　日本新聞印刷株式会社

落丁・乱丁本はお取替へいたします　　Printed in Japan
ISBN 978-4-908128-29-5　C 3214 ¥1300 E